군자론

군자론

리더는
일하는
사람이다

이한우 지음

리더는 무엇을 말하고,
어떻게 일해야 하는가?

공자가 자하子夏에게 말했다.
"너는 군자다운 유자儒者가 되어야지
소인 같은 유자가 되지 말라."
汝爲君子儒 無爲小人儒

_《논어論語》〈옹야雍也〉

말만 하는 선비,
일이 되게 하는 군자

한국 사람들 말 잘한다. 글도 참 잘 쓴다. 말솜씨 좋고 글재주 좋은 사람이 어느 자리에서든 주목받고 유능한 평가를 받는 세간의 흐름에서 당연한 일인지도 모르겠다. 그런데 오늘의 세상사를 보면 말만 넘쳐났지 일 잘하는 사람을 꼭 집어 찾기는 어렵다. 나라든 회사든 말 잘한다는 사람들이 한자리씩 꿰차고 있으나, 정작 나랏일이든 회사일이든 제대로 돌아가는 곳이 별로 없어 보인다. 말 잘하는 사람은 넘쳐나는데 일 잘하는 사람은 안 보이는 역설의 요지경인 셈이다.

무릇 리더가 내뱉는 말에는 이유가 있다. 그의 말은 어떤 방식으로든 일이라는 결과를 초래한다. 리더의 말은 그 말이 공동체에 끼치는 영향을 고려한 것이어야 하며, 일이 되는 방향을 전제로 하는 것이다. 이쯤 되니 서두의 전제를 수정해야 할 것 같다. 말 잘하는 사람, 글 잘 다루는 사람이 많아 보여도 제대로 하는 사람은 없다.

군자를 이야기하는 자리에서 느닷없이 한국 사람들 말 실력을 탓하며 시비를 거느냐 하고 불만을 품는 독자들이 있을지도 모르겠다. 그러나 제대로 된 말하기(글쓰기도 마찬가지다)가 없다면 애당초 군자가 될 수 없다. 그 군자가 인격적 의미의 군자든지 리더로서의 군자든지 본질은 다르지 않다. 사실 오늘날 한국 사람 중에 일이 되게 만드는 군자를 찾아보기 어렵다는 말을 하려고 이야기를 조금 돌린 것뿐이다.

처음부터 의도했던 바는 아니지만, 공자(孔子)를 공부하다 보면 놀라게 되는 것이 있다. 바로 그의 탁월한 글쓰기 능력이다. 그동안 동서양 철학의 대가들이 쓴 책들을 두루 보았지만 공자만큼 글을 잘 쓰는 사람은 본 적이 없다. 2,000년도 더 이전에 살다 간 공자를 직접 보지는 못했어도 그는 분명 말도 잘했을 것이다. 공자의 글이 도덕적인 이야기만을 한다거나 심오한 철학적 명문이라서만은 아니다. 그의 글이 일관되게 일이 되게 하는 곳을 향해 있다는 점에서다. 그러면 어떻게 말하는 것이 제대로 잘하는 것인가? 먼저 공자가 말하는 모습을 기록한 《논어》〈향당(鄕黨)〉의 한 내목을 감상해보자.

———
공자께서 고향 마을에 가서 머무실 때는 (더더욱) 신실한 모습을

보이려고 노력하느라 마치 말씀을 잘하지 못하는 사람처럼 보일
정도였다.

(그러나) 종묘나 조정에 나아가서는 말씀을 술술 잘하시되 다만 조
심스럽게 하실 뿐이었다.[01]

말은 이렇게 하는 것이다. 고향 마을은 사사로운 공간이고
종묘나 조정은 공적인 일을 위한 자리다. 사사로운 영역에서는 연
장자들을 배려해 말을 삼가니 마치 말을 잘할 줄 모르는 사람처럼
보였다. 다른 한편으로 조정에 나가서는 조심스럽되 일에 필요한
말을 조목조목 피력함으로써 전혀 다른 사람처럼 보였다. 여기서
중요한 것은 공자의 화술이 아니라 말이 일에 끼치는 영향에 따라
가려서 할 줄 안다는 것이다. 말을 아껴야 할 곳에서는 삼가고 말
이 곧 일인 공적인 자리에서는 술술 하되 그러면서도 조심했다.
공자의 이러한 말하기를 나는 다음과 같이 정리한다.

공적인 말은 일이 되게 하는 것을 전제한다.

할 말은 반드시 하되, 불필요한 말은 단 한마디도 하지 않는
것이 제대로 된 말하기다.

말 대신 글을 집어넣어도 똑같다. 거기에 제대로 된 글쓰기
의 정의(定義)가 담겨 있다.

할 말은 반드시 쓰고 불필요한 말은 단 한 구절도 쓰지 않는다.

말은 이처럼 일과 깊이 얽혀 있다. 이를 한마디로 정리하자면 일이 되게 만드는 간절함 혹은 절절함이다. 군자가 하는 말은 필요한 일이 이루어지게 하는 데 그 목적이 있다. 때와 장소, 사람을 가려서 말을 해야 하는 이유도 결국 일을 하려는 목적을 달성하기 위한 것이다. 그런 면에서 공자는 분명 우리에게 의미심장한 기준을 보여준 것이다. 우리는 그동안 '안빈낙도(安貧樂道)'니 '안분지족(安分知足)'이니 하는 허상에 공자를 가둠으로써 공자가 말한 '군자다움'의 진면목을 오독해왔다. 생계는 내팽개쳐 두고 책 속 글줄에 갇혀 탁상공론을 일삼으며 목숨을 아끼지 않는 고지식한 사람을, 공자는 군자라 칭한 적이 없다. 공자는 단 한 번도 착하고, 가난하고, 도덕주의적인 것이 절대선이라 말한 적이 없다. 공자는 오히려 신중하며, 지혜롭고, 현명하게 일이 될 수 있도록 이끄는 사람, 즉 능력 있는 사람을 군자로 칭송했다. 일이 되게끔 하는 사람이 바로 군자인 것이다.

위선이 선한 것을 가리고, 허위가 진실한 것을 가리는 오늘날, 우리는 공자를 다시 읽어야 한다. 공자를 읽으면 그 안에 담긴 리더십의 정수를 발견할 수 있다. 말만 하는 선비와 일이 되게 하는 군자를 분간하지 못하는 작금의 시대야말로 제대로 된 군자상이 필요하다. 이 책은 '군자론'이라는 거창한 제목을 달기는 했지만, 공자의 행동과 말 속에서 일이 되게 하는 말(글)이 무엇인지 살펴볼 것이다. 그 과정에서 군자와 소인배를 구분할 수 있을 것이며, 제대로 일하는 사람과 그렇지 못하는 사람을 분별할 수 있을 것이다. 물론 말과 글을 다룬다고 해서 화술이나 글짓기 비법을 기대하면 곤란하다. 그런 것은 애당초 이 범위에 들어 있지 않다.

임금과 신하의 관계는 너무 오래전 이야기이니, 오늘날 사장과 직원의 관계를 생각해보자. 사장의 말은 직원의 말과 그 지향점이 다르다. 사장의 말은 직원들을 회사의 가치가 향하는 곳으로 몸을 움직이게 하는 데 초점이 맞추어지는 반면, 직원의 말은 단지 사장의 마음을 움직이는 데 맞추어질 수밖에 없다. 물론 사장이든 부하든 사사로운 관계에서 가족이나 친구들과 한담을 하거나 편지를 쓰는 것 등은 별개다. 앞서 보았듯이 공자도 그 말이 공(公)과 사(私)에 따라 확연히 달랐다. 따라서 우리의 주제는 공적인 영역에서 사용하는 군자의 말에 중점을 둘 것이다.

군자의 개념과 관련해 먼저 정리해둘 것이 있다. 여기서 군자는 특정한 사람을 지칭하는 것이 아니라 일종의 인간의 유형이다. 그래서 임금 중에도 군자다운 임금과 소인 같은 임금, 신하 중에도 군자다운 신하와 소인 같은 신하가 있었다. 오늘날에도 마찬가지로 군자다운 사장과 소인 같은 사장, 군자다운 부하와 소인 같은 부하가 있을 수 있다. 《논어》〈계씨(季氏)〉에는 군자의 말을 제대로 알아듣지 못해 잘못을 저지르는 신하의 유형이 나온다. 물론 공자의 말이다.

"윗사람을 모심에 있어 (아랫사람이 흔히 저지르는) 세 가지 허물이 있으니, 첫째 윗사람의 말씀이 미치지 않았는데 먼저 말하는 것을 조급함[躁]이라 하고, 둘째 윗사람의 말씀이 (어떤 주제에) 미쳤는데도 (끝내 아무것도) 말하지 않는 것을 의뭉스러움[隱]이라 하고, 셋째 윗사람의 안색을 보지도 않고 (제 할 말만) 말하는 것을 눈 뜬 장님[瞽]이라 한다.02"

이 말을 좀 더 쉽게 풀어보면 이렇다. 말을 해서는 안 되는데 하거나, 꼭 말을 해야 하는데 안 하거나, 마구잡이로 말을 한다는 뜻이다. 허물의 강도는 내려갈수록 강해진다. 이렇게 해서는 윗사람의 마음을 움직이기는커녕 반감만 쌓아서 결국 내쳐지는 봉변을 당하기 십상이다. 그러면 어떤 마음가짐으로 말을 해야 하는가? 공자는 이와 관련해 두 가지 말을 했는데 실은 둘 다 같은 답을 준다. 《논어》〈학이(學而)〉에서 말한 '일을 할 때는 민첩하게 하고 말은 신중하게 하라[敏於事而愼於言]'와 〈이인(里仁)〉에서 말한 '(군자는) 말은 어눌하게 하고 행동은 민첩하게 한다[欲訥於言而敏於行]'이다.

어눌하게 하려고 일부러 말을 어눌하게 하라는 뜻이 아니다. 말을 천천히 곱씹어 하려고 노력하라는 것이다. 그러면 불필요한 말을 덜 하게 되고, 좀 더 절절한 말들이 생각나 제대로 일하게 되기 때문이다. 여기서 자연스럽게 말에서 일로 넘어간다. '민어사(敏於事)'와 '민어행(敏於行)'은 같은 뜻이다. 다시 말해 행(行)이나 사(事)나 같은 말이라는 뜻이다. 동양철학과에서는 흔히 행을 도덕적 행실 운운하는데, 그것만 보더라도 《논어》를 얼마나 오독하고 있는지 잘 보여준다. 행이란 일을 행하는 것[行事]이다. 또 하나 민(敏)의 의미다. 이때는 '민첩하다'고 할 때의 민이 아니라 '빈틈없다'고 할 때의 민이다. 즉, 일을 행할 때는 주도면밀해야 한다는 뜻이다.

바야흐로 4차 산업혁명으로 향하는 떠들썩한 시대다. 미래를 떠올리는 지금 왜 군자를 화두로 삼는 것인가, 더군다나 '고릿적' 군자가 오늘날 왜 필요한가라는 이해 불가한 생각이 들 수도 있다. 그러나 사람이 모여 만들어진 공동체가 영속되고 인간관계의 복잡성이 가중되는 한 공자가 말한 군자, 즉 좋은 리더의 역할은 더 큰 의미를 가질 것이다. 이미 2,000년도 더 이전에 공자는 그 누구보다 실용적인 가치를 우선했으며, 일을 제대로 해내는 리더로서 군자의 역할을 설파했다. 그런 덕분에 공자 이후 역사를 살았던 수많은 군주들이 치국의 교본으로서 공자의 철학을 교재로 삼아왔던 것이다.

돌이켜보면 후세에 군자로 평가받았던 리더들(세종을 떠올려보라)은 만백성의 민생에 실질적인 영향력을 끼쳤으며, 생존과 번영의 수호자였다. 소소한 행실과 자그마한 청렴으로 마을에서나 인정받으려는 선비와는 생각의 크기가 달랐다. 공자를 포함한 군자들의 실천적 기록이자 원리가 담긴 책이 《논어》를 포함한 사서(四書)였으며, 《주역》을 포함한 삼경(三經)이었다. 결코 '도덕책'이나 '점술서'로 폄하할 수 없는, 일을 생각하는 리더의 교과서들이다. 이 책《군자론》은 일을 중시하는 군자들의 기록을 텍스트 삼아 오늘날 우리가 어떻게 일에 접근해야 하는지 살폈던 오랜 작업의 결과물이다. 물론 그 최종 목표는 일이 되게 하는 군자의 모습을 구체적으로 형상화함으로써 새로운 리더상을 도출해내는 것이다. 공자의 참뜻이 '도덕철학'으로 곡해되고 와전되어 낡은 것으로 치부되었으나, 본래의 실용적 가치는 오늘날 더 재검토되어야 한다.

　이 책을 쓰게 된 직접적인 이유는 다름 아닌 〈학이〉와 〈이인〉에 등장하는 공자의 이 두 가지 언명에서 비롯된 것이다. 결국 '군자의 일'에서 일은 빈틈없이 파고드는 것이고 '군자의 말'에서 말은 신중함과 차분함이 담긴 말이다. 그리하려고 노력하면 그 말은 간절하고 절절할 수밖에 없다. 그런 말은 윗사람의 마음을 움직이고 아랫사람의 몸을 움직이게 할 수 있다. 마찬가지로 일을 삼가며 주도면밀하게 한다면 아랫사람들의 믿음을 얻어낼 것이다. 〈학이〉에서 말한 경사이신(敬事而信)은 바로 그것을 두고 한 말이다.

2020년 새해, 이한우(李翰雨)

글을 시작하며_ 006

말만 하는 선비, 일이 되게 하는 군자

제1부

군자의 '말끝'이
향하는 곳

인言과 논論

제2부
헤아리고
도모하는 힘
事事와 이議

3강. 군자가 일을 시작하는 법

제3부
일이
‘되게 하는’ 사람
군자와 신비

4강. 선비처럼 일하지 말라

제1부

군자의 '말끝'이 향하는 곳

언言과 논論

앞으로 배반할 자는 그 말이 부끄럽고 마음속에 의심이나 의혹을 품고 있는 자는 말이 갈라져 산만하다.

좋은 사람은 말이 적고 조급해 하는 사람은 말이 많다.

거짓으로 좋은 척하는 자는 그 말이 이리저리 떠다니고 지켜야 할 바를 잃은 자는 그 말이 비뚤어져 있다.

배반, 불신, 군자, 소인, 위선, 무례. 여섯 가지 키워드를 담고 있는 이 묵직한 말은 그 어렵다는 《주역(周易)》을 공자가 총괄적으로 풀이한 《주역》 총론 〈계사전(繫辭傳)〉의 마지막, 즉 결론이다. 난해하기 그지없는 《주역》을 공부해야 하는 이유는 단지 인생의 길흉을 점치는 데 있는 것이 아니라, 어떤 사람의 말을 통해 바로 그 사람(의 사람됨)을 알아보는 데 있음을 이 세 문장은 명확하게 보여준다.

그런데 《주역》을 공부했다는 사람들을 만나보면 '괘(卦)'가 어떻고 '효(爻)'가 어떻고 하면서 말들이 많다. 촐싹거리는 사람이 아무리 《주역》을 안다 한들 무슨 소용이 있을까. 그런 사람들은 그냥 떠들게 내버려두고 가까이 하지 않을 일이다.

여기서 잠깐, 두 책의 끝과 끝을 잇는다는 차원에서 《논어》의 마지막 편 〈요왈(堯曰)〉 중에서도 맨 마지막 문장을 만나보자.

———
"말을 알지 못하면 사람을 알아낼 수 없다.⁰¹"

예컨대 어떤 사람의 말(과 글)에서 부끄러움을 읽어내고 산만함을 찾아내는 능력이 없으면 '말을 알지 못하는 것'이 된다. 반대로 말이 둥둥 떠다니며 이리 갔다 저리 갔다 하는 그의 위선을 꿰뚫어보고 말이 비뚤어져 있음을 간파했을 때, 그 그릇된 마음속까지 읽어내는 것이 곧 '말을 알아서 그 사람을 알아내는 능력'이 된다.

다시 〈계사전〉의 마지막으로 돌아가서 세 문장을 하나씩 뜯어서 짚어보자. 공자는 함부로 말을 하는 사람이 아니다. 그가 어떤 말을 했을 때는 반드시 그럴 만한 이유가 있기 때문이다. 먼저 공자가 말한 좋은 말을 정리하면 이렇게 표현할 수 있다.

"해야 할 말은 반드시 하고 불필요한 말은 단 한 글자도 하지 않는다."

첫 번째 문장은 의미심장하다. 그 의미를 살펴보자.

―――

"앞으로 배반할 자는 그 말이 부끄럽고 마음속에 의심이나 의혹을 품고 있는 자는 말이 갈라져 산만하다."

물론 이런 사람들 말고 다른 유형들을 얼마든지 들 수 있다. 그런데 왜 공자는 수많은 사람들의 군상 중에서 유독 "배반할 자와 마음속에 의심이나 의혹을 품고 있는 자"라는 두 경우를 첫머리에 언급한 것일까? 두 말할 필요 없이 그만큼 중요하기 때문이다.

어떤 점에서 중요하다는 것인가? 이는 공자가 평소에 늘 강조해오던 충신(忠信), 즉 충직스러움과 믿음직함에 해당되기 때문이다. 먼저 《논어(論語)》에 등장하는 충신을 살펴보자. 〈학이〉에서 공자는 이렇게 말한다.

―――

"(군자가 되려는 자는) 충직스러움과 믿음직함[忠信]에 첫 번째 주안점을 두고, (도리와 다움이) 자기보다 못한 사람과는 벗하지 말며, (자신에게) 허물이 있으면 고치기를 꺼려해서는 안 된다."

여기서도 군자가 되려는 세 가지 덕목 중에 첫 번째로 충신

제1부

이 강조되고 있다. 오늘날 사람들이 충성스러움[忠]이라고 말하는 뜻은 조금 변질된 것으로, 원래의 뜻은 자기 자신에게 조금도 거짓이 없는 상태를 말하는 것이었다. 자기 자신에게도 거짓이 없는 상태라면 그것보다 진실한 마음이 어디에 있겠는가. 바로 그런 마음으로 윗사람을 섬겨야 한다고 하다가 지금은 마치 윗사람을 잘 섬기는 것이 충(忠)인 것처럼 뜻이 바뀐 것이다. '스스로에게도 털끝만큼의 거짓도 없는 상태'라는 원래의 뜻으로 다시 돌아가야 한다. 믿음직함[信]은 '말을 했으면 반드시 실천하는 것'을 뜻한다. 말을 했으면 반드시 실천하니 믿음직하지 않을 도리가 있을 리 없다. 이 둘의 차이를 어느 정도 파악했을 것이다. 또한 〈공야장(公冶長)〉에서 공자는 이렇게 말한다.

> "10가구 정도 되는 작은 마을에도 나만큼 충신(忠信)한 사람이 반드시 있겠지만 (그런 사람들도) 나만큼 배우기를 좋아하지[好學]는 못할 것이다."

충신이 이번에는 조금 다른 맥락에서 언급된다. 그렇다고 충신의 중요성을 깎아내리는 것은 아니다. 그 점을 이해하려면 또 다른 대목을 볼 필요가 있다. 충직함, 믿음직함은 다분히 타고난 자질이나 바탕[質]에 가깝다. 반면에 배워서 갖추어야 할 것은 애쓰는 태도[文]나 일을 행하는 마음가짐[行]이다. 공자가 좋아하면서 배우려고 했던 것은 바로 이런 태도나 마음가짐이었고, 여기서 공자가 자부하는 것은 바로 그런 태도나 마음가짐을 배우기를 좋아하는 면에서는 누구에게도 양보할 생각이 없다는 점이다. 이렇게 되면 〈술이(述而)〉에서 어떤 제자가 한 것으로 보이는 다음의 말이 자연스럽게 이해가 된다.

> "스승님께서는 애쓰는 태도[文], 일을 행하는 마음가짐[行], 거짓 없는 마음[忠], 믿음직함[信]으로 우리를 가르치셨다."

문(文)이나 행(行)에 대해서는 뒤에 가서 좀 더 상세하게 이야기할 테니 다소 이해가 안 되더라도 잠시 접어두자. 다만 앞서 소개한 〈공야장(公冶長)〉에서 공자가 한 말과 〈술이(述而)〉에서 제자가 한 말을 유심히 살펴보면 공통점이 있다. 공자의 말은 이처럼 치밀하게 꼼꼼히 파고들어야 살짝 본뜻을 드러내 보여준다. 충신(忠信)이 근본적이기는 하지만 사람이 더욱 애써 노력해야 하는 쪽은 아무래도 문행(文行)이라는 것이다. 이 점을 그대로 보여주는 것이 〈안연(顔淵)〉에 나오는 다음과 같은 문답이다.

> 자장(子張)이 다움[德]을 쌓아가는 방법을 묻자 공자는 이렇게 답했다.
> "충직함과 믿음직함에 첫 번째 주안점을 두고서[主忠信] 마땅함 쪽

으로 옮겨가는 것[徙義]이 (내 안에) 다움을 쌓는 방법이다.”

약간 어렵게 느낄 독자를 위해 이 말을 풀어본다.

“충과 신을 기본으로 삼으면서 어떤 말이나 일을 행할 때 자신의 이익이나 욕심에 비중을 두기보다는 조금이라도 마땅한° 쪽으로 옮겨다가 보면 어느새 나 자신이 그런 쪽의 사람으로 바뀌어가게 된다.”

다시 충신(忠信)이다. 어떤 사람의 말에 ‘자신에게조차 거짓이 없고, 그것을 반드시 실천하려는 마음’이 담겨 있지 않다고 생각해보자. 과연 우리는 그런 사람과 함께 어떤 일을 해나갈 수 있을까? 여기까지 온 다음에 다시 한 번 공자의 말을 음미한다면 이제 충분히 충신의 뜻을 알 수 있을 것이다.

“앞으로 배반할 자는 그 말이 부끄럽고 마음속에 의심이나 의혹을 품고 있는 자는 말이 갈라져 산만하다.”

사실 이 충과 신을 두 다리로 삼은 용례는 먼저 《논어》에서 찾아볼 수 있다. 〈태백(泰伯)〉에서 공자의 제자 중에 충신 쪽을 계

⊙ 앞으로도 의(義)는 정의(正義), 의리(義理)보다는 마땅함, 올바름으로 옮길 것이다. 그것이 원래의 뜻에 더 가깝다.

승한 증자(曾子)가 이렇게 말한다. 참고로 문행 쪽으로 계승한 제자는 안회(顏回)[⊙]다. 두 사람을 비교하면 아무래도 안회가 증자보다 한 수 위다. 다음은 증자의 말이다.

> "육척(六尺)의 어린 고아 임금을 부탁할 만하고, 100리 되는 지방 행정을 맡길 만하면 이는 군자다운 사람[君子人]이라 할 것입니다."

이 두 가지 문제는 옛날 임금들이 안고 있던 가장 큰 고민이었다. 하나는 육척 고아, 즉 10대 초반의 어린 임금을 두고 임금이 일찍 세상을 떠나게 되는 상황이었다. 이럴 때 어떤 신하에게 어린 임금을 맡길 것인가? 바로 충(忠)이다. 내가 죽어 사라지는 순간에도 자기 자신에게 거짓이 없는 사람이어야만 할 것이다. 그다음의 고민은 자신의 시야를 떠나 먼 지방에 가서 관찰사를 맡아 직접 백성을 다스려야 하는 지방 장관을 고를 경우에 무엇을 잣대로

⊙ 자가 자연(子淵)이라 안연(顏淵)으로도 불린다. 안무요(顏無繇)의 아들이다. 공자가 가장 신임했던 제자로, 공자보다 30세가 어렸지만 먼저 죽었다. 학문과 덕이 높아서 공자도 그를 가리켜 학문을 좋아하는 사람이라 칭찬했고, 무엇보다 가난한 생활을 이겨내고 도를 즐긴 점을 높이 샀다. 은일 군자적인 성격 때문인지 그는 "자기를 누르고 예(禮)로 돌아가는 것[克己復禮]이 곧 인(仁)이다"라든가, "예가 아니면 보지도 말고, 듣지도 말고, 말하지도 말고, 행동하지도 말아야 한다"는 공자의 가르침을 지킨 사람임에도 불구하고 젊어서 죽었기 때문에 저술이나 업적은 남기지 못했다.

삼을 것인가였다. 당연히 행정력[吏才]이 있어야 하고, 거기에 더해 믿음[信]이 가야 할 것이다. 백성을 위하는 자신의 마음을 왜곡하지 않고 백성들에게 그대로 전해줄 관리가 있어야 하기 때문이다. 이 두 가지는 옛날 임금들만의 고민은 아니다. 오늘날도 모든 조직의 리더는 비슷한 고민의 기로에 서 있다. 이런 맥락에서 공자의 첫 번째 글을 짚어보자.

한 사람이 거짓이 없는 사람인지를 살피려면 평소 그가 말하는 중에 '부끄러워하는지'를 보면 되고, 한 사람이 믿을 만한 사람인지를 살피려면 평소 그가 말하는 중에 '갈라져 산만한지' 여부를 보면 된다. 자기 자신에게 거짓이 없는 사람은 부끄러움[恥]을 가지며, 믿을 만한 사람은 말이 구차스럽지 않아서 간명하면서도 말수가 적다.

두 번째 글과 세 번째 글도 그런 맥락에서 보면 이해가 쉽다.

좋은 사람은 말이 적고 조급해하는 사람은 말이 많다.
거짓으로 좋은 척하는 자는 그 말이 이리저리 떠다니고 지켜야 할 바를 잃은 자는 그 말이 비뚤어져 있다.

여기서, 성급하다, 조급하다, 시끄럽다 등의 뜻을 가진 조(躁)와 떠다닌다는 뜻의 유(游)는 우리에게 많은 실마리를 준다. 이를

염두에 두고 군자가 하는 말과 글 그리고 일하는 법을 본격적으로
탐색해보자.

1강.

———

'문리'가 트이는
세 가지 단서

———

태도와 바탕, 무엇이 먼저인가

내가 많은 곳에서 《논어》를 가르치면서 핵심적인 도구로 활용하고 있는 말이 '형이상중하'이다. 형이상(形而上)이나 형이하(形而下)라는 말은 원래부터 있었던 말이고 흔히 들어왔던 말이다. 여기에 덧붙인 형이중(形而中)은 《논어》의 핵심을 독자들이 이해하기 쉽도록 내가 만들어낸 말이다. 우선 형이상, 형이하는 〈계사전〉에 나오는 공자의 말이다.

———

"형이상을 일러 도리[道]라 부르고 형이하를 일러 그릇[器]이라 부른다."

이 말을 풀면 형이상은 추상적인 것, 형이하는 구체적인 것을 뜻한다. 여기에 그 중간 단계로 형이중을 만들어 넣은 이유는 그래야만 《논어》에서 사용하는 공자의 언어가 생생한 생명력을 얻게 되기 때문이다.

《논어》에 자주 등장하는 호학(好學)이라는 말을 예로 들어보자. 그냥 호학이라고 해서는 무슨 말인지 알 수 없다. 흔히들 호학군주 운운하면서 조선시대의 세종이나 정조를 거론하는 경우가 많다. 이는 형이상중하의 원리를 모르는 데서 빚어지는 우스꽝스러운 상황이라고 볼 수 있다. 자, 호학이라는 키워드를 들고서 《논어》 속으로 풍덩 들어가 이번 기회에 《논어》에 등장하는 '호학'이라는 말뜻을 제대로 알아보자. 호학의 제대로 된 말뜻을 이해하면 공자가 말하는 법이 보이고, 나아가 일하는 법을 추측할 수 있다. 먼저 〈학이〉에 이 말이 등장한다. 공자의 말이다.

―――
"일을 할 때는 명민하게(혹은 주도면밀하게) 하고, 말을 할 때는 신중하게 하며, 도리를 깨우쳐 아는 사람이 있으면 서슴지 않고 그에게 나아가 배움을 구하려 한다면 배우기를 좋아한다[好學]고 이를 만하다.1-1"

상당히 구체적인 내용이 제시되어 있다. 즉, 형이하에서 바로 형이상에 해당하는 호학을 풀어냈다고 할 수 있다. 그러나 어디에도 '책읽기'를 좋아한다는 말은 없다.

다음은 〈공야장(公冶長)〉이다.

———
자공이 공자에게 물었다.

"위나라 대부인 공문자(孔文子)에게 문(文)이라는 시호를 내린 이유는 무엇입니까?"

이에 대해 공자는 말했다.

"공문자가 (일을) 행하는 데 명민하고 배우기를 좋아하며 아랫사람에게 묻기를 부끄러워하지 않아 문(文)이라 일렀다."1-2

문(文), 즉 '애쓰는 태도'처럼 형이상을 설명하는 데 형이하 차원에서 호학이라는 개념이 동원된 경우이다. 여기서는 아직 호학의 뜻이 모호한데, 다만 눈여겨봐야 할 부분은 일과 관련된 명민함[敏]이 호학과 결부되어 있다는 점이다. 즉, 호학은 주도면밀하게 하면서 묻기를 좋아하는[好問=好學] 태도이다. 그랬기 때문에 아랫사람에게 묻는 것도 부끄러워하지 않았던 것이다. 열린 마음과 겸손함이 없이는 불가능한 행동이다. 다시 〈공야장〉 끝부분에서 공자는 자기 자신이 바로 '호학'하는 사람임을 이렇게 강조해 말한다.

———
"10가구 정도 되는 작은 마을에도 나만큼 충신한 사람은 반드시 있겠지만 (그런 사람들도) 나만큼 배우기를 좋아하지는 못할 것이다."1-3

유감스럽게도 여기서는 호학이 서술어로 사용되어 그 구체적인 내용을 알 수 없다. 다행히 바로 그 앞에 호학하는 사람의 모습이 어떤 것인지를 보여주는 내용이 나온다.

공자는 말했다. "나 끝나버렸구나! 나는 아직 (나만큼) 자기 허물을 발견하여 마음속으로 송사를 하듯이 맹렬하게 (고치려) 하는 자를 보지 못했다.1-4"

허물을 발견하여 마음속으로 송사를 하듯이 맹렬하게 고치려는 행위, 형이하도 아니고 형이상도 아닌 중간 단계인 형이중 차원에서 호학을 풀어내고 있는 것이다. 이어서 〈옹야(雍也)〉 편이다.

애공이 물었다. "제자들 중에서 누가 배우는 것을 좋아하는가?
공자는 말했다. "안회라는 자가 있어 배우기를 좋아해 분노를 다른 데로 옮기지 않고 잘못을 두 번 다시 반복하지 않았는데 불행하게도 명이 짧아 죽었습니다. 지금은 그가 가고 없으니 아직 배우기를 좋아하는 자를 들어보지 못했습니다.1-5"

임금 애공의 호학에 관한 물음에 공자는 "분노를 다른 데로 옮기지 않고 잘못을 두 번 다시 반복하지 않았는데"라고 답한다. 이렇게 하는 것이 호학이라는 말이다. 호학의 내용을 형이중 혹은 형이하로 풀어냈다고 할 수 있다.

이 정도면 공자가 말하는 '호학'의 뜻을 알아차렸을 것이다. 그런데 지금 우리는 이것을 '학문을 좋아한다' 정도로 풀이하고 있다. 이렇게 해서는 공자의 본 뜻에 접근조차 할 수 없다. 배우기를 좋아하는 것은 사실상, 겸손하게 부지런히 스스로를 바꿔나가려는 태도라고 보아야 한다. 이렇게 되면 우리는 〈학이〉의 첫 구절을 제대로 이해할 수 있는 길을 만나게 된다.

"(옛 뛰어난 이들의 애씀이나 애쓰는 법을) 배워서 시간 나는 대로 그것[之]을 익히니 진실로 기쁘지 않겠는가?"1-6

풀이의 실마리는 그것[之]에 있다. 기존의 번역들은 대부분 이것을 놓친다. 무언가를 배우고 그 무언가를 시간 나는 대로 익혀야 한다는 말이다. 그 무언가는 곧 보게 되겠지만 애쓰는 태도, 즉 문(文)을 배우라는 것이다. 일부 책에는 일본 학자들의 영향을 받아서 예(禮)를 배우라고 풀이하는데, 그럴 근거가 없다. 《논어》에서 무언가를 배운다고 할 때는 십중팔구 문(文)을 배우라는 것이기 때문이다. 공자가 제자들에게 가르친 네 가지는 문(文), 행(行), 충(忠), 신(信)이다(〈술이〉 24). 그리고 그중 가장 먼저 나오는 것이 '문'이다. 가장 중요하기 때문에 첫 번째로 내세운 것이다.

사실 '문'만 알면 거의 다 아는 셈이다. 그런데 글월 '문'이라

배웠다고 해서 '문'을 글로 옮긴 번역서들이 많다. 공자는 글 선생이 아니다. 《논어》를 가장 크게 왜곡한 주희(朱熹, 1130~1200년)는 《논어집주(論語集註)》에서 '문'을 《시경(詩經)》, 《서경(書經)》, 《주역》, 《예기(禮記)》, 《악기(樂記)》, 《춘추(春秋)》 등 6경(經)의 글이라고 보았다. 한마디로 공자의 사상을 '문'이라고 본 듯한데 이는 틀렸다고는 할 수 없지만 맞는 것도 아니다. 6경의 글들은 옛 뛰어난 인물들의 열렬히 애썼던 흔적[文]을 모아서 편집해놓은 것이 분명하지만 '문'은 그 범위에 한정되지 않는다. 우리가 노력하기에 따라 지금 이곳에서도 얼마든지 '문'을 찾아 배울 수 있기 때문이다. 그러면 과연 '문'은 무엇일까? 앞서 공문자에게 시호로 내린 그 '문' 말이다.

내가 2007년부터 2012년까지 5년간 《논어》를 파헤치고 나서 맨 마지막에 풀어낸 숙제가 바로 문(文)은 '애쓰다', '애씀', '애쓰는 법'으로 풀어야 한다는 것이었다. 그런데 사서(四書) 풀이 작업을 마치고 도전한 송나라 학자이자 정치가 진덕수(眞德秀, 1178~1235년)의 《대학연의(大學衍義)》 번역 작업에서 웃어야 할지 울어야 할지 모를 상황에 마주쳤다. 거기에 바로 답이 나와 있었다.

《서경》 요전(堯典)에서 요(堯) 임금의 자질과 능력을 넉자로 "흠명문사(欽明文思)"라고 표현했다. 이는 중국의 옛 사람들이 사람을 평하던 넉자 인물평의 원조격이기도 하다. 문제는 이 한 자 한 자의 뜻을 정확히 새기는 것이다. 진덕수는 이 '흠명문사'를 다음과 같이 풀어냈다. 이는 앞으로 《논어》를 제대로 이해하는 데도 많은 시사를 던져준다는 점에서 반드시 주목해두어야 한다.

"요 임금의 제왕다움[德]을 말하는 것입니다. 흠(欽)이란 삼가지[敬] 않음이 없다는 뜻이고, 명(明)이란 환하게 밝히지 않음이 없다는 뜻이며, 문(文)이란 (꽃부리) 안에 잠재되어 있던 것을 밖으로 멋지게 드러내 보여주는 것[英華之發見]이고, 사(思)는 뜻하고 생각하는 바가 깊고 멀다는 것입니다."

문체가 경어체인 이유는 《대학연의(大學衍義)》라는 책이 진덕수가 송나라 황제에게 제왕학을 가르치기 위해 경서(經書)와 사서(史書)를 인용한 다음에 그것을 풀어낸 것이기 때문이다. 진덕수에게 대학(大學)은 곧 제왕학이다. 다시 본론이다. 여기서 진덕수는 명확하게 "문(文)이라는 (꽃부리) 안에 잠재되어 있던 것을 밖으로 남김없이 드러내 보여주는 것[英華之發見]"이라고 말하고 있다. 이는 형이상 '문'을 전형적으로 형이중 차원에서 풀어낸 것이다. 물론 그보다 좋은 말이 있으면 양보하겠지만, 내가 볼 때 지금까지이를 나타낼 수 있는 적합한 우리말은 곧 '열렬하게 애쓰는 것'이다. '문'에 대해서는 계속 다룰 것이기 때문에 일단 이 정도에서 마치고 다음으로 넘어가보자.

학이시습지(學而時習之), 애씀을 배워서 시간 나는 대로 그것을 익힌다는 말이다. 이로써 그것[之]에 대한 궁금증도 풀렸고 따라서 '학이시습지'는 온전히 파악되었다. 기존의 《논어》 풀이는 유감스럽게도 여기서 그친다. 배우다[學]의 목적어를 어렵게 찾았어도 아직 주어는 찾지도 못했는데 말이다.

'학이시습지'라고 했을 때 문(文), 즉 애씀이나 애쓰는 법을 배우는 주체는 누구일까? 줄여서 학습(學習)이 되다 보니 흔히 어린아이들을 《논어》를 배우는 주체나 주어로 생각하는 경향이 일반적이다. 그러나 지난 10년 동안 씨름한 결과 《논어》는 어린아이들을 위한 책이 아니다. 《논어》는 조직의 최고 지도자나 혹은 최고 지도자가 되려는 사람을 위한 책이기 때문이다.

이 말을 하는 도중에 주어가 나와버렸다. 이 책의 주제이기도 한 군자(君子), 즉 군주가 주어다. 이미 군주가 된 자 혹은 군주가 되고자 하는 자가 바로 '학이시습지'의 주어인 것이다. 그렇게 되면 이제 '불역열호(不亦說乎), 즉 진실로 기쁘지 않겠는가?'와 연결 지어 풀 수 있는 마지막 단계에 이르렀다. 참고로 불역~호(不亦~乎)는 ~를 강조하기 위한 상투적인 표현법이다. 여기서 역(亦)은 흔히 오역하듯이 '또한'이 아니다. '역시', '진실로' 혹은 '정말로'라는 뜻이다.

어린 학생도 아니고 일반 학자도 아니고 군자가 과연 "(옛 뛰어난 이들의 애씀이나 애쓰는 법을) 배워서 시간 나는 대로 그것을 익히는 것을 진실로 기뻐할까?"

이런 식의 질문은 《논어》를 군주론 혹은 제왕학의 텍스트로 볼 때라야 생생한 활력을 갖는다. 학생들의 계몽서로, 선비 혹은 군자가 되고자 하는 자의 도덕 함양서 정도로 보는 기존의 관점으로는 이런 활력 있는 질문에 이를 수 없다. 또한 그 질문을 던져서 얻어내는 답도 차원이 다르다.

군주란 그 나라의 규모가 크든 작든 모든 권력을 장악한 사람이다. 이때 가장 경계해야 할 것은 무엇일까? 바로 교만이다. 이만하면 되었다는 어설픈 만족감이다. 이런 사람들은 당연히 새로운 것을 배우고 익히려 하지 않는다. 귀찮고 번거롭고 지겹기 때문이다. 여기서 문제는 더 이상 나아가려 하지 않는 지도자에게는 새로운 길을 인도해줄 스승과 같은 신하[師臣]가 가까이 갈 수 있는 여지가 없다는 사실이다. 앞으로 나아가기를 멈추어버린 지도자에게 꼬이는 것은 아첨하는 신하[侫臣]뿐이다. 이 같은 기로에서 다시 한 번 음미해보기 바란다.

"(옛 뛰어난 이들의 애씀이나 애쓰는 법을) 배워서 시간 나는 대로 그것을 익히니 진실로 기쁘지 않겠는가?"

결국 "진실로 기쁘지 않겠는가?"를 한 글자로 압축하면 호

(好), "배워서 시간 나는 대로 그것을 익히니"가 학(學)이므로 《논어》라는 책은 첫 출발이 바로 호학(好學)이었던 것이다.

여기서 결론이다. 지도자가 진심으로 이런 기쁜 마음을 가질 때라야 새로운 길을 열어 밝혀줄 수 있는 스승과 같은 신하[師臣]가 곁으로 나아올 수 있다. 그러므로 이 구절의 핵심 메시지는 신하를 스승으로 둘 수 있는 겸손한 마음가짐[謙]이다. 이처럼 호학의 정확한 의미를 알고 나면 황희를 스승과 같은 신하로 가까이 했던 세종은 호학군주라고 할 수 있지만, 스스로 임금이자 스승[君師]이라고 불렀던 정조는 결코 호학군주라고 할 수 없다.

말도 일도 마찬가지다. 말을 할 때는 천천히 하려고 노력하고, 평소에는 시간 나는 대로 그것을 배워 익혀야 한다. 글로 해야 할 말들을 정리해보고, 그것을 통해 일이 실행되어야 하는 목적도 다시 한 번 살피는 것이다. 임기응변에 능하다는 세간의 평을 듣는 사람들의 말에도 이런 숨은 노력이 담겨 있다. 그러면 불필요한 말과 행동을 덜 하게 되고, 그 사이 좀 더 절절한 말과 아이디어가 생각나 제대로 일을 하게 되기 때문이다.

학문은 '글공부'가 아니다

고전, 특히 동양고전을 공부하는 사람들이 흔히 하는 말 중에 '문리(文理)가 트인다'는 말이 있다. 이것이 정확히 무슨 의미일까? 한자 뜻대로 풀이하면 '글의 이치가 환히 보인다'는 말이 되는

데, 그러면 도대체 무슨 의미인가? 앞서 보았던 《논어》의 첫 구절이다.

學而時習之 不亦說乎(학이시습지 불역열호)

아쉽게도 이 구절을 소리 높여 "학이시습지 불역열호"라고 읽었다고 해서 문리가 트이는 것은 아니다. 그렇다고 달달 외우듯이 그 뜻을 풀어 '배우고 때로 익히면 이 또한 기쁘지 아니한가?'라고 하면 문리가 트인 것일까? 이 말은 앞에서 살폈듯이 오역이다. '(애씀[文]을) 배워 시간 날 때마다 부지런히 그것을 익히면 진실로 [亦] 기쁘지 않겠는가' 이것이 정확한 번역이다.

선문답을 하려는 것이 아니다. 사서(四書)를 읽을 때는 음미하고 또 음미해야 하는데, 이제 막 《논어》에 첫걸음을 디뎌놓고 무엇을 음미할 것이 있겠는가? 그런데 기존의 한학자나 동양철학자들까지 마치 아무것이라도 배워서 그것을 익히면 기쁘다는 식으로 풀어놓고 있다. 이래서는 사서는 물론이고 나아가 삼경(三經)의 본뜻을 제대로 파악할 수 없다.

《논어》에서는 아무것이나 배우는 게 아니라 앞서 본 바와 같이 정확히 문(文), 즉 '애씀'이나 '애쓰는 법'을 배우는 것이다. 이처럼 시작부터 문리(文理)를 터득하는 길을 제시한 문장인데, 그동안의 한학자나 동양철학자들은 《논어》나 사서 번역을 그들의 오역과

무지로 인해 전혀 엉뚱한 방향으로 사람들을 이끌어간 것이다.

결론부터 말하자면, 공자가 말하는 '배운다'는 것은 골프를 배우는 것도 아니고, 영어나 수학을 배우는 것도 아니고, 도둑질을 배우는 것은 더더욱 아니다. 學文(학문), 즉 애쓰는 법[文]을 배우는 것이다. 그것은 《논어》 안에 수도 없이 나온다. 〈학이〉부터 살펴보자.

———

공자는 말했다. "어린 사람들[弟子]은 집에 들어오면 효도하고 밖에 나가면 공순하며, 행실을 삼가고 말에는 믿음이 담겨야 하며, 널리 사람들을 사랑하되 어진 이를 가까이 (하는 것을 배우려) 해야 한다. 이런 일들을 몸소 익혀 행하면서도 남은 힘이 있거든 그때 가서 문[文]을 배워라.1-7"

공자는 사람으로서의 기본 사항이 갖춰진 다음에 문을 배우라[學文]고 말하고 있다. 국내 대부분의 번역서나 해설서는 이 문(文)을 '글'로 풀이한다. 뜬금없이 글을 배우라는 것이 무슨 뜻일까? 중국학자 리링은 자신의 저서 《집 잃은 개》(글항아리)에서 이렇게 말하고 있다.

———

"공자는 '글을 배운다'고 말한다. 글(文)은 무엇일까? 문화이다. 특히 예악과 관련이 있는 인물 학술로 옛 사람들은 그것을 문학이라고 불렀다. 도덕은 질(質)이고 예악은 문(文)이다. 문과 질은 상보적인 것이다. 공문(孔門)에서 독서는 예악을 배우는 것이다."

(1권, 60쪽)

문(文)을 문질의 문으로 본다는 점에서 국내 학자들에게서는 볼 수 없는 탁견이다. 그러나 문을 다시 문화로 풀이한다는 것은 동어 반복에 가깝다. 그리고 예악으로 한정하는 것은 문을 너무 표피화하는 것이다. 오히려 문의 근본적인 의미는 일본의 한학자 시라카와 시즈카의 《한자, 백 가지 이야기》(황소자리)에서 찾아볼 수 있다.

––––––

"文(문)은 기회의 총체다. 내적인 것이 바깥으로 드러나는 것을 가리킨다. 그것을 더욱 한정하여 사용하는 방식이 문자다."(42쪽)

문에 관한 가장 본질적이면서도 핵심적인 정의라고 할 수 있다. 그래서 나는 이미 《논어로 논어를 풀다》(해냄)에서 내적인 것과 기본 바탕[質]을 대비시켜 문(文)을 '애씀', '애쓰는 법', '애쓰다' 등으로 번역할 것을 제안한 바 있다. 문은 예악을 포괄하면서도 훨씬 더 근본적이나. 리링은 이 점을 놓친 듯하다. 《논어강설》(성균관대 출판부)에서 '學而時習(학이시습)'의 학을 예(악)를 배우는 것으로 풀이한 이기동 교수(성균관대 동양철학) 또한 그런 점에서는 리링의 한계 안에 있다고 할 수 있다. 그럼에도 리링이나 이 교수는 기존의 내용 없는 학(學)이나 문(文)에서 상당히 구체적인 방향으로 나아갔다는 점에서 다른 어떤 풀이보다 뛰어나다고 할 수 있다.

자, 이제 보다 구체적으로 문(文)을 파고들어보자. 먼저 〈술이(述而)〉 편이다. 공자의 어떤 제자는 스승의 가르침을 이렇게 요약하고 있다.

───

공자는 다음 네 가지로 가르치셨으니 문(文) 행(行) 충(忠) 신(信)이었다.1-8

가장 중요한 것이 문(文)과 행(行)으로 애쓰는 태도와 일을 하는 마음가짐이다. 그리고 충(忠)과 신(信)으로 거짓 없는 마음과 믿음직함을 포괄하는 인간의 근본바탕, 즉 질(質)이다. '문'이 그냥 글로 해석될 수 없고, '예(악)'로 해석될 수 없다. 일을 하는 마음가짐을 바로 하고, 스스로 거짓 없는 마음을 가지며, 믿음직한 사람이 되려면 '애쓰고 노력'해야 한다. 문(文)이 '정성을 다해 표출하려는 노력[=애씀=文]'이 되는 이유다. 〈자한(子罕)〉에서 공자의 수제자 안회는 이렇게 말한다.

───

"(스승님께서는) 문(文)으로 나를 넓혀주셨고 예(禮)로써 나를 다잡아주셨다."1-9

이것만 보아도 문과 예는 상호 밀접하면서도 서로 다르다는 것을 알 수 있다. 앞서 언급했던 리링이나 이기동 교수는 이 점을 놓쳤다.

공자 자신도 〈옹야〉와 〈안연(顏淵)〉에서 "군자는 문(文)을 널리 배우고 (그것을) 예로써 다잡는다"고 말하고 있다. 이는 자연스럽게 '學而時習(학이시습)'을 연상시킨다. 공자가 말한 "문을 널리 배우다"를 풀이하는 단서는 〈자장(子張)〉에 나온다. 여기서 우리는 공자가 스승도 없이 어떻게 문이라는 것을 배웠는지 알 수 있다.

───

위나라의 공손조가 (같은 위나라 출신인) 자공에게 물었다. "공자는 어떻게 배웠는가?" 자공은 다음과 같이 답한다. "문왕과 무왕의 도리는 아직 땅에 떨어지지 않아 사람들에게 (남아) 있다. 어진 자는 그 큰 것을 기억해 알고 있고 그보다 못한 자도 그 작은 것을 기억해 알고 있어 문왕과 무왕의 도리가 여전히 남아 있으니 공자께서 어찌 배우지 않으시며 또한 어찌 정해진 스승이 계시겠는가?"1-10

공자가 말한 문왕과 무왕의 도리, 즉 선왕지도(先王之道)가 바로 '문'이며 인간다워시려고 애쓰는 것이 '인문(人文)'이다. 나아가 공자는 〈팔일(八佾)〉에서 그 배우는 범위를 크게 확대한다.

공자는 말했다.

"주나라는 하은 이대를 비추어 살펴보았으므로 찬란하도다. 그 문
(文)이여! 나는 주나라를 따르리라."1-11

즉, 주나라는 하나라와 은나라의 역사를 조감하여 '문'의 전
통을 세웠기에 위대하며 그렇기 때문에 그는 주나라를 따르겠다는
것이다. 〈안연〉에서 증자는 이렇게 말한다.

"군자는 문(文)으로 벗을 모으고, 그런 벗으로써 인(仁)을 키운다.1-12"

'문'에 대한 문리적 접근은 이 정도에서 그치고 이번에는 《논
어》에 등장하는 구체적인 사례들을 통해 '문리(文理—애쓰는 이치)가 트
인다'는 의미를 상세하게 알아보자. 사실 《논어》라는 책은 이미 그
안에 '문리가 트인 제자'와 '문리가 트이지 못한 제자'를 등장시켜 매
우 친절하게 '문리가 트인다'의 의미를 그대로 보여주고 있다. 〈안
연〉에 등장하는 다음 일화는 그런 점에서 대단히 중요하다.

번지(樊遲)가 먼저 어질다는 것[仁]이 무엇이냐고 묻자 공자는
"사람을 사랑하는 것[愛人]"이라고 답한다. 이어 안다는 것[知]은 무
엇이냐고 묻자 "사람을 아는 것[知人]"이라고 말한다. 그런데 번지
가 이 말을 미처 이해하지 못하자 공자는 말했다.

"곧은 사람을 들어 쓰고 모든 굽은 사람은 제자리에 두면, 굽은 자로 하여금 곧아지게 할 수 있다."

번지는 공자 앞을 물러나와 자하를 찾아가 물었다.

"지난번에 내가 부자를 뵙고서 안다는 것[知]이 무엇인지 묻자 부자께서는 '곧은 사람을 들어 쓰고 모든 굽은 사람은 제자리에 두면, 굽은 자로 하여금 곧아지게 할 수 있다'고 하셨다. 무엇을 말함인가?"

자하는 이미 공자의 말뜻을 알아차렸다는 듯이 "풍부하도다! 그 말씀이여!"라고 말한 다음 구체적인 사례를 들어 번지의 궁금증을 풀어준다.

"순(舜) 임금이 천하를 소유함에 여러 사람 중에서 선발하여 고요(皐陶)를 들어 쓰시니 어질지 못한 자들이 멀리 사라졌고, 탕(湯) 임금이 천하를 소유함에 여러 사람 중에서 선발하여 이윤(伊尹)을 들어 쓰시니 어질지 못한 자들이 멀리 사라졌다."

번지라는 제자는 〈자로(子路)〉에서 공자에게 농사일을 배우고 싶다고 했다가 소인이라는 혹평을 받기도 했지만, 종종 좋은 질문을 던져 칭찬을 받기도 했다. 번지는 공자의 제자 중에서 수준이 중긴[中]이나 중하(中下)쯤 되는 인물이다. 이 글은 단계를 나누어 잘 살펴야 한다.

첫째, 번지가 공자에게 인(仁)과 지(知)가 무엇인지를 묻자 공자는 아주 간명하게 각각 사람을 사랑하는 것, 사람을 아는 것이라고 답한다. 그중에서 특히 번지는 아는 것[知]을 사람을 아는 것[知人]이라고 말하는 공자의 뜻을 이해하지 못했다. 문리가 전혀 트이지 못한 말이다.

둘째, 공자는 아는 것, 즉 사람을 아는 것을 이렇게 풀이해준다.

"곧은 사람을 들어 쓰고 모든 굽은 사람은 제자리에 두면[擧直錯諸枉], 굽은 자로 하여금 곧아지게 할 수 있다[能使枉者直]."

위에서 우리가 사용한 용어를 쓰자면 형이중(形而中)이다. 공자의 대답은 여기까지다. 그러나 번지는 여전히 왜 지(知)가 지인(知人)인지도 모르는 데다가 또 그 지인을 왜 이렇게 풀이했는지를 전혀 이해하지 못한다. 다만 번지는 솔직했다. 그래서 중상(中上)은 되는 동료 제자 자하(子夏)를 찾아가 물었다.

셋째, 어느 정도 문리가 트인 자하(子夏)는 공자가 말한 바를 이렇게 풀어준다.

"순 임금이 천하를 소유함에 여러 사람 중에서 선발하여 고요를 들어 쓰시니 어질지 못한 자들이 멀리 사라졌고, 탕(湯) 임금이 천하를 소유함에 여러 사람 중에서 선발하여 이윤(伊尹)을 들어 쓰시니 어질지 못한 자들이 멀리 사라졌다."

역사 속의 사례를 통해 이미 자하는 공자가 말한 곧음[直]과 굽음[枉] 그리고 사람을 알아보고[知人] 쓰는[用人] 문제가 무엇을 의미하는지를 정확히 알고 있었던 것이다. 적어도 자하는 형이중에서 형이하로 옮겨 다닐 수준은 되었다. 자하가 어느 정도 문리가 트인 인물이라는 사실은 〈팔일〉에서 명확하게 알 수 있다.

────

자하가 물었다. "'예쁜 웃음에 보조개가 뚜렷하고 아름다운 눈에 눈동자가 선명하도다. 하얀 본바탕에 화려한 꾸밈이 가해져 더욱 빛나는구나!'라는 시는 무슨 뜻입니까?"

공자는 말했다. "그림 그리는 일은 흰 비단을 마련한 후에 이루어진다."

자하가 말했다. "예가 (인이나 충신보다는) 뒤에 있겠군요."

공자는 말했다. "나를 흥기시키는 자는 자하로구나! 이제 비로소 너와 더불어 시를 논할 수 있겠다."1-13

"예쁜 웃음에 보조개가 뚜렷하고 아름다운 눈에 눈동자가 선명하도다. 하얀 본바탕에 화려한 꾸밈이 가해져 더욱 빛나는구나!(巧笑倩兮 美目盼兮 素以爲絢兮)." 자하가 이 시구를 인용하며 무슨 뜻인지를 묻는다. 주희는 이것을 일시(逸詩)라고 했는데, 일시란 《시경》에는 수록되지 못한 고대 중국의 시를 말한다. 원문 중 倩(천)은 거의 쓰지 않는 한자인데, 보조개라는 뜻이다. 盼(반/변)은 눈 예쁠 반으로 글자 모양대로 눈동자의 흑백이 뚜렷하다는 것이다. 兮(혜)는 감탄의 의미를 갖는 어조사다. 즉, 금상첨화, 화룡점정이다. 결국 이 두 구절을 통합해서 해설하는 것이 素以爲絢兮(소이위현혜), 다시 말해 하얀 본바탕[素]에 화려한 꾸밈[絢=文]이 가해져 더욱 빛난다는 것이다. 素絢(소현)은 質文(질문)과 상응한다. 흔히 우리가 쓰는 말인 소박(素朴)과 질박(質朴)이 현란(絢爛)과 문채(文彩)로 대응하는 것으로, 소현은 곧 문질(文質)이다. 참고로 여기서 소박과 질박함은 바탕으로 형이상이며, 현란과 문채는 애쓰는 것으로 형이하에 해당한다. 문질의 문제는 뒤에 가서 보게 되겠지만 사랑을 알아보는 기본 틀일 뿐만 아니라 좋은 글과 말의 기본 골격이다.

그 시의 의미에 대해 자하가 묻자 공자는 함축적으로 답한다. 그림 그리는 일은 흰 비단을 마련한 후에 이루어진다는 것, 즉 바탕이 있고 나서 꾸밈이 있을 수 있다는 뜻이다. 여기까지는 비유였고 결국 자하의 질문은 예로 돌아간다. '(그렇다면) 예가 인보다 뒤에 오겠군요?' 어진 마음[仁]은 흰 비단과 통하고 예는 그림 그리는 일과 통한다. 인이 바탕[質]이면 예는 꾸밈[文]이다.

공자는 기뻐하며 이제 비로소 자하와 더불어 시(詩)를 논할 수 있게 되었다고 말한다. 그것은 자하의 문리가 트인 점을 인정해준 것이다. 이런 자하였기에 번지에게 그처럼 소상히 설명해줄 수 있었던 것이다.

이제 문리가 트인다는 말을 새롭게 정립하고자 한다. 그것은 흔히 생각하듯이 글의 이치를 훤히 알게 된다는 뜻임과 동시에 말 그대로 인간다우려고 애쓰는[文] 방법이나 이치[理]로 볼 때 그 뜻이 훨씬 명확해진다는 점이다. 글을 이해할 줄 안다고 해서 문리가 트일 수는 없으며, 결국 애써서 배우고 닦는 수기(修己)의 이치를 제대로 파악해 실천에 옮기는 것이 곧 제대로 된 의미의 '문리가 트였다'라고 볼 수 있다.

군자의 말은 압축되고 생략되어 있다

후한 시대 종이가 발명되기 전까지 고대 중국에서 종이를 대신했던 것은 죽백(竹帛), 즉 죽간(竹簡)과 흰 비단이었다. 그래서 지금도 죽백이라 하면 그것이 곧 역사서를 뜻하는 의미를 갖고 있다. 그중에서도 죽간은 그 당시 가장 중요한 서사 재료였다. 반고(班固)의 《한서(漢書)》〈예문지(藝文志)〉에 죽간의 사용을 보여주는 이런 구절이 나온다.

———

"유향(劉向)은 궁중에서 쓰는 고문(古文)으로 구양(歐陽), 대소(大小), 하후(夏侯) 3가(家)의 경문(經文)을 교정했는데◉〈주고(酒誥)〉에는 탈간(脫簡)◉◉이 1매, 〈소고(召誥)〉에는 탈간이 2매였다. 죽간 하나에 25자(字)인 것은 탈자(脫字) 역시 25자이고 죽간 하나에 22자인 것은 탈자 역시 22자로, 글자가 서로 다른 것이 700여 개였고 탈자는 수십 개였다."

◉　　　 궁중에서 쓰는 고문이란 궁궐 서고에 있는 《고문상서(古文尙書)》를 가리킨다.
◉◉　　 죽간이 빠져 경문이 없는 경우를 말한다.

이를 보면 대략 죽간 하나에 20자에서 30자 정도가 들어갈 수 있었음을 알 수 있다. 무엇보다 《논어》가 바로 죽간 시절의 대표적인 텍스트다. 죽간의 텍스트는 미주알고주알 써내려가는 것이 아니라 '압축'이나 '생략'이 핵심이다. 가능한 한 많은 내용을 작은 죽간에 다져넣기 위한 방법이다. 《논어》에는 마치 시구처럼 짤막한 구절들이 많은데, 이 또한 죽간의 언어가 갖는 압축의 필요성과 무관하지 않다. 대표적인 사례 하나를 들어보자.

〈위정(爲政)〉에 나오는 이립(而立)이 그것이다. 국내 《논어》 해석 책들은 십중팔구 이것을 그냥 '자립했다', '주체적으로 홀로서기에 성공하다' 정도로 풀이한다. 공자가 서른 살이 되어 그렇게 했다는 말인데 뜻하는 바가 공허하기 그지없다. 그러나 오늘날 현대 중국의 《논어》 해석 수준을 잘 보여주는 리링의 《집 잃은 개》에는 상당히 근접한 풀이가 소개되어 있다.

———
"다른 하나의 해석은 공자 자신의 말, 즉 '(〈요왈〉 맨 마지막에 나오는) 예를 알지 못하면 설 수 없다'는 말에 의한 것이다. 명대의 고헌성(顧憲成)은 자립과 자립하지 못하는 것의 관건은 예를 아는 데 있다고 보았다. 즉, 지식과 예의를 갖추고 세상물정에 대하여 잘 알고 있는 사람이라야만 비로소 성인(成人)이라는 것이다. 이 말이 더 합리적이다."

그러나 리링의 풀이는 틀린 것은 아니지만 딱 들어맞는다고 도 할 수 없다. 굳이 말하자면 절반은 맞고 절반은 틀렸다. 그냥 입/립(立)이 아니라 이립(而立)이다. 이는 '~하면서 서다'라고 할 수 도 있지만, 실은 입/립(立)을 타동사로 보아 '~하고 그리고 ~를 세워주다'로 보아야 한다. 결론부터 말하면 복원 순서는 이렇게 된다.

이립(而立)→입이립(立而立)→입기이립인(立己而立人)→입기이례 이립인이례(立己以禮而立人以禮)

순서대로 풀자면 접속사 이(而)가 있기 때문에 앞에 다시 입 (立)이 있다고 보아야 하고, 이럴 경우 앞의 입(立) 다음에는 자기 가 오고 뒤의 입(立) 다음에는 다른 사람이 오는 것이다. 그리고 결 론적으로 그 방법은 자기든지 남이든지 '예'로써 세워주는 것이다. 이렇게 되면 '먼저 자기 자신을 사리에 입각해 세우고서, 이어 다 른 사람도 사리에 입각해 세워주라'는 뜻이 되어 자연스럽게 자기 수양에 입각한 리더십론이 된다. 내가 이런 해석의 길에 대한 지 혜를 얻은 것은 다름 아닌 《논어》〈옹야〉의 다음과 같은 구절을 통 해서였다.

———
자공이 말했다. "만일 백성들에게 은혜를 널리 베풀어 많은 사람 들을 구제한다면 그것은 어떠합니까? 그것을 일러 어짊[仁]이라고 할 수 있습니까?"

공자는 말했다. "어찌 어짊에만 그치겠는가? 그것은 반드시 성인의 경지라 할 만하다. 요순도 오히려 그것을 근심[病]으로 여겼다. 인자(仁者)는 자신이 서고자 함에 남도 서게 하며[仁者己欲立而立人], 자신이 통달하고자 함에 남도 통달하게 하는 것이다[己欲達而達人]. 능히 가까운 데서 취해 비유할 수 있다면 인을 행하는 방법이라 할 수 있다."

이례(以禮)를 덧붙이는 문제는 고헌성이 지적했다는 그대로다. 《논어》에는 〈요왈〉뿐만 아니라 〈태백〉에서도 "예에서 선다[立於禮]"라고 했다. 따라서 이립(而立)이 입기이례이립인이례(立己以禮而立人以禮)라는 데 대해서는 더 이상 의문이 없으리라 믿는다.

이제 '입기이례이입인이례'를 역으로 압축한다고 생각할 때 어떻게 줄이면 본뜻이 복원될 수 있을까? 예컨대 두 자로 압축할 때 입기(立己)나 입인(立人)으로 할 경우에는 어느 한쪽만을 강조하게 되어 '자기'와 '다른 사람'이 동시에 포괄하기 어렵다. 그런데도 리링은 오히려 이(而)에 주목하지 않아 다른 사람을 세워주는 부분을 간과한 채 반대로 예에 의해 자립한다고만 풀었다. 오직 이립(而立)이라고 할 때에만 이 아홉 글자로 복원할 수도 있으며 본뜻을 이해할 길이 열린다.

그리고 전국시대부터 춘추시대를 거쳐 한나라에 이르기까지는 《논어》에 대한 깊은 이해를 공유하고 있었기 때문에 이 같은 압축과 복원이 얼마든지 가능했다. 예컨대 정기화인(正己化人)이라는 말은 자기 자신을 바로잡은 다음에 다른 사람을 교화시켜준다는 뜻이 담겨 있다. 조선시대에 와서도 비록 행적에는 문제가 있지만, 경전 공부가 출중했던 세조(世祖)는 대군으로 있던 시절 공부를 하며 남긴 메모가 실록에 실려 있는데, 정기화인(正己化人)을 기반으로 해서 한 걸음 더 나아가 사람 보는 분류법으로까지 발전시키고 있다. 다음은 《세조실록》 총서에 나오는 말이다.

> "자기 몸을 바로 하고 남들까지 바로잡아주는 자는 상등이요, 자기 몸은 바로 하나 남을 바로잡지 못하는 자는 중등이요, 자기 몸도 바로 하지 못하면서 남을 바로잡아주려는 자와 자기 몸도 바로 하지 못하고 남도 바로잡아주지 못하면 이는 곧 하등이다. 상등은 임금을 충성으로 섬기는 자이고, 중등은 스스로 그 선(善)을 지키는 자이며, 하등은 천화(天禍)를 재촉하는 자이다."

형이상중하와 더불어 압축된 언어의 비밀을 풀 줄 알게 되면 《논어》의 내용이 한없이 풍부해지고 말하고, 글을 쓰고, 일하는 법의 진수를 얼마든지 쉽게 배울 수 있다. '불혹(不惑)을 보고서 유혹에 흔들리지 말자, 이립(而立)을 보고서 주체적으로 홀로서자'라는 식의 낱말풀이 수준을 마침내 벗어날 수 있다는 말이다.

모든 말하기는
공적인 것이다

공자의 '말끝'은 일로 향한다

"글은 말을 다하지 못하고 말은 뜻을 다하지 못한다.2-1"

《주역》〈계사전〉에 있는 공자의 말로, 생각과 말과 글의 관계를 한마디로 표현한 것이다. 이것을 조금 쉽게 풀면 이렇게 된다. "글을 아무리 잘 써도 말로 하는 만큼 뉘앙스까지 전달될 수 없고, 말을 아무리 잘해도 속뜻을 온전히 다 전달하는 것은 불가능하다."

그렇다고 글을 잘 쓸 필요가 없고 말을 잘할 필요가 없다는 식으로 받아들이면 큰 오산이다. 오히려 정반대로, 그렇기 때문에 글을 쓰는 데 최대한 공력을 들여야 하고 말을 하는 데 조심하고 또 조심해야 한다는 뜻이다. 일단 공자의 이야기 하나를 들어보

자. 다음은 〈위령공(衛靈公)〉에 나오는 일화다.

_____

맹인 악사 면이라는 사람을 만나볼 때 그가 (연주를 위해 무대로 오르는) 계단에 이르자 공자는 "계단이다"라고 하고 그가 자리에 이르자 "자리다"라고 하고 제자들이 모두 자리에 앉자 "아무개는 여기에 있고 아무개는 저기에 있다"라고 일러주었다.

면이 나가자 자장이 묻는다. "(지금 보여주신 것이) 악사와 더불어 말을 하는 도리입니까?" 이에 공자는 말했다. "그렇다. 진실로 맹인 악사를 도와주는 도리이다."²⁻²

공자의 말은 정확히 악사 면의 입장에서 출발하고 있다. 맹인 악사가 그 상황에서 가장 필요로 하는 것을 최소한의 단어만써서 말해주고 있는 것이다. 여기에는 "저 공자라는 사람은 맹인악사를 도와주는 것을 보니 인정이 많은 사람이구나" 하는 평판을 얻으려는 불순한 뜻은 조금도 없다. 그랬기 때문에 자장도 눈여겨보고서 "(지금 보여주신 것이) 악사와 더불어 말을 하는 도리입니까?" 하고 물었던 것이고 공자는 그렇다고 답한 것이다.

공자가 생각하는 말, 그중에서도 리더로서 군자의 말에 대한 진형적인 사례는 〈자로(子路)〉에 등장하는 정명(正名)이다. 이는 군주의 올바른 언어 사용이 얼마나 중요한지를 보여준다.

자로가 물었다. "위나라 군주가 스승님을 기다려 정치에 참여시키려고 하니 선생님께서는 정치를 하시게 될 경우에 무엇을 우선시하시렵니까?"

공자는 말했다. "반드시 이름부터 바로잡겠다."

이에 자로가 말했다. "이러하시다니! 스승님의 우활하심이여! (그렇게 해서야) 어떻게 (정치를) 바로잡으시겠습니까?"

이에 공자는 말했다. "한심하구나, 유여! 군자는 자기가 알지 못하는 것은 비워두고 말을 하지 않는 법이다. 이름이 바르지 못하면 말이 순하지 못하고, 말이 순하지 못하면 일이 이루어지지 못하고, 일이 이루어지지 못하면 예악이 흥하지 않고, 예악이 흥하지 못하면 형벌이 알맞지 못하고, 형벌이 알맞지 못하면 백성들이 손발을 둘 곳이 없게 된다. 고로 군자가 이름을 붙이면 반드시 말할 수 있고, 말할 수 있으면 반드시 행할 수 있는 것이니 군자는 그 말에 있어 구차히 함이 없을 뿐이다."2-3

'이름'은 말하기의 출발이다. 올바른 명사 혹은 어휘의 사용을 뜻하기 때문이다. 이 대화에서 중요한 것은 서로 이어지는 문맥이다. 우선 텍스트 속으로 들어가보자.

우직하고 용맹스러우나 배움을 등한시한다고 해서 공자로부터 자주 구박을 받던 제자 자로가 공자에게 물었다. "위나라 군주가 스승님을 기다려 정치에 참여시키려고 하니 선생님께서는 정치를 하시게 될 경우 무엇을 우선시하시렵니까?" 주희는 이 당시 위나라 군주는 영공(靈公)이 아니라 손자인 출공(出公) 첩(輒)을 말하고, 그 시기는 노나라 애공(哀公) 10년 무렵으로 추정된다라고 했다. 공자가 초나라에 갔다가 위나라로 온 것이 이 무렵이었기 때문이다.

자로의 질문에 공자는 "반드시 이름(名)부터 바로잡겠다"고 답한다. 여기서 말하는 이름, 즉 명(名)이란 무엇을 뜻하는 것일까? 사전적으로 보면 명(名)에는 이름, 평판, 소문, 외관, 외형, 명분(名分), 공적(功績), 글자, 문자, 지칭(指稱) 등의 뜻이 있는데 여기서는 이름이나 지칭에 가까운 것으로 보아야 한다. 흔히 인용되는 명분은 오해의 가능성이 있다. 주희의 풀이도 명분보다는 이름이나 지칭에 가깝다. "이때 출공은 자기 아버지를 아버지로 여기지 않고 자기 할아버지를 아버지로 삼아 명칭과 실제가 문란했다. 그러므로 공자께서는 이름을 바로잡는 것을 우선으로 삼으신 것이다."

이는 〈안연(顔淵)〉에서 제경공(齊景公)이 정치에 관해 묻자[問政] 공자가 했던 대답과 맥이 통한다.

───

"임금은 임금다워야 하고 신하는 신하다워야 하고 아버지는 아버지다워야 하고 자식은 자식다워야 합니다."2-4

그러나 배움을 등한시해서 앞서 말한 형이상중하를 제대로 오르내릴 줄 모르는 자로에게는 공자의 이런 대답이 공허하게만 들렸다. "(대답이) 이러하시다니!" 자로는 무언가 실제적인 대답을 기대했다가 원론적인 답변에 실망을 했던 것이다. "스승님의 우활하심[迂]이여! (그렇게 해서야) 어떻게 (정치를) 바로잡으시겠습니까?" 우(迂)는 에돌다, 우회하다, 멀다, 굽히다, 기세를 꺾다, 피하다, 억제하다, 옳지 않다, 비뚤다, 에두르다, 광대하다 등의 뜻이 있다. 여기서는 현실과 동떨어져 있다는 뜻으로 사용되었다. 자로는 '이름을 바로잡는다[正名]'는 과제 자체가 급선무는 아니라고 보았으며, 동시에 정명이라는 형이상에 함축된 형이중과 형이하의 깊은 의미를 전혀 알아차릴 수도 없었다.

　　우활하다는 것은 세상 물정을 잘 모른다는 뜻으로, 사실 우(迂)는 윗사람에게 잘 쓰지 않는 표현이다. 주로 세상 경험이 많은 어른이 젊은 사람들을 꾸짖을 때 쓰는 말이다. 당연히 공자는 자로의 이 말에 화가 났다. 야재(野哉)란 '거칠구나, 비속하구나, 비루하구나'라는 뜻이다. 유(由)는 자로다. "군자는 자신이 알지 못하는 것에 대해서는 제쳐놓고[闕] 말하지 않는 것이다." 그런데 자신이 알지도 못하는 것에 대해 함부로 이야기를 해대니 너는 군자가 아니라는 뜻이다. 즉, 자로는 자신이 잘 알지도 못하는 것을 제쳐놓지 못하고 경솔하게 스승을 향해 우활하다는 말을 했다는 뜻으로 깊이 알지 못함에 대한 책망이기도 하다. 지금 공자가 했던 이 말의 보다 깊은 뜻을 알기 위해서는 《논어》〈위정〉에 있는 두 가지 대화를 더 끌어와야 한다. 그래야만 공자가 자로를 꾸짖는 것이 얼마나 준엄한지를 제대로 알 수 있다.

———
공자는 말했다. "자로야! 너에게 무언가를 안다는 것이 무엇인지 일깨워주겠다. 아는 것을 안다고 하고 모르는 것은 모른다고 하는 것, 이것이 바로 진정한 앎이다."2-5

자장이 벼슬자리를 구하는 법을 배우고 싶다고 하자 공자가 말했다.
"많이 듣고서(듣되) 의심나는 것은 제쳐놓고 그 나머지 것들에 대해서만 신중하게 이야기한다면 허물이 적을 것이요, 많이 보고서 위태로운 것은 제쳐놓고 그 나머지를 신중하게 행한다면 후회가 적을 것이니, 말에 허물이 적으며 일을 행함에 후회할 일이 적으면 벼슬자리는 절로 따라오게 될 것이다."2-6

이 둘은 나란히 이어져 나온다. 그 말은 곧 이 둘이 서로 깊은 연관이 있다는 말이다. 앞서 자로에게 안다는 것의 의미를 일깨워주었고 뒤이어 《논어》의 편집자는 자장과의 문답을 배치함으로써 자로에게 했던 안다는 것의 의미를 구체적으로 풀어내고 있다. 즉, 안다는 것[知]이라고 하는 형이상을 형이중의 차원에서 자세하게 풀어낸 것이다. 여기서 더 파고들지는 않겠지만 우리의 주제인 '말과 일'의 문맥에서 눈여겨보아야 할 대목은 "말에 허물이 적으며 일을 행함에 후회할 일이 적으면 벼슬자리는 절로 따라오게 될 것이다."2-7라는 공자의 말이다.

말을 잘한다는 것은 곧 허물이나 실수를 줄인다는 뜻이다. 그래야만 말에 믿음이 실리기 때문이다. 여기서 우리는 자신이 알지도 못하면서 함부로 이야기하는 전형적인 사례로 공자의 골칫거리 제자 재아(宰我)의 사례를 살펴보고자 한다. 〈팔일〉에 나온다.

———

(노나라 임금) 애공(哀公)이 재아에게 사직(의 신주)에 관해 묻자 재아는 이렇게 대답했다. "하후씨(夏后氏=우왕)는 소나무로 사직의 신주(神主)를 만들어 썼고 은나라 사람들은 잣나무를 썼고 주나라 사람들은 밤나무[栗]를 썼습니다. 밤나무를 써서 백성들로 하여금 전율(戰慄)을 느끼게 하려 함이었습니다."

공자가 이 말을 전해 듣고는 다른 제자들에게 이렇게 한탄했다.

"이미 다 끝난 일이라 아무 말 않겠으며 제 마음대로 이룬 일이라 이래라 저래라 간(諫)하지 않겠으며 다 지나간 일이라 허물을 탓하지 않겠다."2-8

이에 대해서는 송나라 윤돈(尹焞)의 풀이가 명확하다.

"옛날에는 각각 토질에 적당한 나무로써 그 사(社)의 신주(神

圭)를 만들었을 뿐, 나무 자체에서 뜻을 취한 것이 아니었다. 재아(宰我)가 이를 알지 못하고 함부로 대답하자 공자께서 꾸짖으신 것이다.”

원래의 주제로 돌아가자. 공자의 말은 계속된다. 즉, 자로가 잘 알지 못했던 바를 구체적으로 설명해준다. 여기서 공자의 정치 사상이 일목요연하게 드러난다.

“이름이 바르지 못하면 말이 순하지 못하고 말이 순하지 못하면 일이 이루어지지 못하고 일이 이루어지지 못하면 예악(禮樂)이 흥하지 않고 예악이 흥하지 못하면 형벌이 알맞지 못하고 형벌이 알맞지 못하면 백성들이 손발을 둘 곳이 없게 된다. 고로 군자가 이름을 붙이면 반드시 말할 수 있고, 말할 수 있으면 반드시 행할 수 있는 것이니 군자는 그 말에 있어 구차히 함이 없을 뿐이다.”

이 말을 단계적으로 풀어보자. 이에 관해서는 정약용의 설명이 상세하고 정확하다. 먼저 공자는 명실상부(名實相符)가 만사의 출발점이며 이런 명과 실을 바로잡는 것이 정치의 요체라고 말한다. ‘이름을 바로잡겠다[正名]’에 대한 정약용의 풀이다.

“이때 괴첩은 위나라 군주라 일컬어지고 (그의 아비) 괴외(蒯聵)는 위나라 세자라 일컬어졌다. 부자와 군신의 이름이 거꾸로 전도 되어 인륜을 상실하였는데, 이 이름을 바루고자 하면 괴첩이 마땅히 아비를 맞아들여 양보하고 세자의 자리에 있어야 한다."

　이 말을 정확히 이해하려면 당시 위나라 상황에 대한 약간의 정보가 있어야 한다. 이때는 공자의 말년이었다. 위나라 군주는 첩(輒)이었다. 첩의 할아버지이자 위나라의 군주였던 위령공(衛靈公)에게는 남자(南子)라고 하는 부인이 있었다. 영화나 소설 등에서 공자와의 묘한 염문설을 낳았던 그 주인공이다. 영공의 태자였던 괴외(蒯聵)는 바로 이 남자에게 죄를 지어 나라 밖으로 도망쳤다. 영공이 죽자 위나라 신하들은 첩을 임금으로 세웠다. 그가 출공(出公)이다. 출공이 즉위한 지 12년이 되도록 아버지 괴외는 나라 밖에 살면서 국내로 들어오지 못했다. 출공이 자칫 나라를 아버지에게 빼앗길 것을 두려워했기 때문이다.

　다시 원래의 주제로 돌아가자. 자로가 공자에게 "스승님의 우활하심이여! (그렇게 해서야) 어떻게 (정치를) 바로잡으시겠습니까?"라고 물은 것은 자로가 보건대 당시 상황이 상당히 복잡했고, 현실적으로 괴첩(蒯輒)이 아비를 맞아들여 왕위를 전하고 스스로 태자의 자리에서 물러난다는 것은 거의 불가능한 일이었다. 다산 정약용도 약간은 자로 편을 들어준다.

　"이 당시 공회(孔悝) 선만고(石曼姑)의 무리가 위나라 정사의 실권을 쥐고 있었으나, 제나라와 위나라가 힘을 합쳐 조앙(趙鞅)에 항거하고 있었으니, 비록 나라를 양위하여 명분을 바로잡으려고 해도 첩(輒)이 마음대로 할 수 있는 바가 아니었다. 그러므로 자로가 당시 형세를 헤아려 알고 그렇게 물었던 것이다."

그러나 훗날 공회는 괴첩을 축출하고 괴외를 군주로 세운다. 괴첩의 시호를 출공(出公)이라고 한 것도 쫓겨났다는 의미를 담아서다.

그다음 단계로 넘어가보자. "이름이 바르지 못하면 말이 순하지 못하다[言不順]"라고 했다. 이제 우리의 관심사인 말이 등장한다. '말이 순하지 않다'에 대해 정약용은 이렇게 풀이했다.

"말의 순서가 없다는 뜻으로 아비는 국외에 있으면서 세자라 일컫고 아들 첩(輒)은 엄연히 스스로 군주라 칭하니 말이 순하지 않은 것이다."

그런데 정약용은 형이상에 속하는 '말이 순하지 못하다'를 형이중을 생략한 채 바로 구체적 사례, 즉 형이하 차원에서 풀이를 시도함으로써 훨씬 풍부한 의미를 갖는 '말이 순하지 못하다'는 뜻을 지나치게 좁히는 잘못을 범했다. 그러면 '이름이 바르지 못하면 말이 순하지 못하다'는 것은 정확히 무슨 뜻일까? 그것은 군자 혹은 리더의 말이 사리에 맞지 않다는 뜻이다. 사리에 맞지 않는 말로는 아랫사람을 움직여 일을 하게 할 수 없다. 그래서 바로 이어지는 말이 중요하다.

"말이 순하지 못하면 일이 이루어지지 못한다[事不成]." 말과 일이 연결된다. 특히 이 일은 공적인 일[公事]을 말한다. 사리에 어긋난 말로는 아랫사람을 제대로 부릴 수 없고 그렇게 되면 일을 제대로 이룰 수 없는 것이다. 무엇보다 일을 위해 말의 기능을 언급하고 있다는 점에 주목해야 한다. "일이 이루어지지 못한다[事不成]"에 대한 정약용의 풀이다.

"하는 일이 아무것도 이루어지지 않는다는 뜻이다. 천자가 이를 그르다 하고 제후들이 이에 이의를 다니 천자를 섬기고 제후와 교린할 수 없으며, 대부는 마음속으로 비방하고 서민은 입으로 비방하므로 호령을 발동해 시행할 수 없으니, 이름을 바르게 하지 못하면 (말이 순하지 못해) 모든 일이 이루어지지 않는 것이다."

예악(禮樂)은 사전에 백성들을 가지런하게 하는 것이고, 형벌(刑罰)은 사후에 백성들을 가지런하게 하는 것이다. 그런데 이미 일이 이루어지지 않는 상황에서는 예악이고 형벌이고 제 역할을 할 수 없다. "일이 이루어지지 못하면 예악이 흥하지 않고 예악이 흥하지 못하면 형벌이 알맞지 못하고 형벌이 알맞지 못하면 백성들이 손발을 둘 곳이 없게 된다"라고 한 것은 바로 그런 의미다.

공자는 다시 '군자는 말을 어떻게 해야 하는지'로 결론을 맺는다.

"고로 군자가 이름을 붙이면 반드시 말할 수 있고, 말할 수 있으면 반드시 행할 수 있는 것이니 군자는 그 말에 있어 구차히 함이 없을 뿐이다."

구차함이 없도록 말을 하는 것, 이것이 바로 공자가 우리에게 가르쳐주는 '제대로 말하는 법'이다. 반드시 해야 할 말을 하지 않는 것도 구차함이고, 반드시 하지 않아도 되는 말을 쓸 데 없이 추가하는 것도 구차함이다.

구차한 말과 구차하지 않은 말

구차함은 대체로 모자람보다는 지나침에서 생겨난다. 사안에 적중하면[中] 구차함은 사라진다. 그러면 구차함이 없도록 말을 하기 위해서 어떤 훈련이 필요할까? 말은 생각에서 나온다. 따라서 생각에서부터 상황과 자신의 처지 그리고 바른 생각을 갖추려고 해야 한다. 물론 그것은 쉽지 않은 일이지만 불가능한 것도 아니다. 우리가 평소 이 문제에 노력을 쏟지 않았을 뿐이다.

《논어》에는 이에 대한 구체적 지침이 실려 있다. 먼저 〈태백〉과 〈헌문(憲問)〉에 똑같은 공자의 말이 두 차례 반복해서 실려 있다. 그만큼 중요하다는 뜻이다.

공자가 말했다. "그 지위에 있지 않으면 그에 해당하는 정사에 대해 도모하지 않는다."2-9

정약용의 풀이가 명쾌하다. "위(位)는 조정에서 서는 지위이다. 대신의 지위에 있으면 마땅히 대신의 정사를 도모해야 하고, 읍재의 지위에 있으면 마땅히 읍재의 정사를 도모해야 하며, 미천하여 지위가 없는 자는 벼슬자리에 있는 자의 정사를 도모하지 않는다."

그런데 〈헌문〉에서는 공자의 이 말 뒤에 바로 증자(曾子)의 말이 이어진다.

———
증자가 말했다. "군자는 생각하는 바가 그 지위를 벗어나서는 안 된다."2-10

생각이 지위를 벗어나면 말도 자연스레 벗어날 테고, 생각이 지위를 벗어나지 않으면 말 또한 벗어나지 않을 것이기 때문이다. 공자의 말은 정명(正名), 증자의 말은 정사(正思)라고 할 수 있다. 정명이나 정사는 둘 다 형이상에 해당하고 여기서의 풀이는 각각 형이중에 해당한다. 절묘하게도 〈헌문〉 편 공자의 말 바로 앞에 이를 생생하게 보여주는 사례, 즉 형이하가 실려 있다.

———
거백옥이 공자에게 심부름하는 사람을 보내자 공자는 그 사람과 함께 앉은 다음 이렇게 물었다. "주인어른께서는 (요즘) 무엇을 하시는가?" 이에 그 사람은 "주인어른께서는 허물을 적게 하려고 하시지만 아직 능하지 못하십니다"라고 답한다. 그 사람이 밖으로 나가자 공자는 심부름 온 사람을 높이 평가하여 이렇게 말했다. "저 사람이여! 저 사람이여!"2-11

거백옥(蘧伯玉)은 위나라 대부로 이름은 원(瑗)이다. 주희는 공자와의 인연에 대해 이렇게 풀이한다. "공자가 위나라에 계실 때 일찍이 그의 집에 머물러 주인으로 삼았는데 이윽고 노(魯)나라로 돌아왔다. 그러므로 거백옥이 사람을 보내온 것이다."

거백옥은 전형적으로 배운 사람의 경우에 속한다. 즉, 자신을 갈고 닦는 데 힘쓰는 사람인 것이다. 그런데 왜 공자는 거백옥을 찬미하지 않고 심부름 온 사람을 찬미한 것일까? 공자가 심부름 온 사람과 함께 앉았다는 것은, 이미 위나라에 머물렀을 때부터 그 사람의 됨됨이를 잘 알고 있었다는 뜻이다. 그래서 거백옥에 대한 고마움까지 겹쳐 그 사람을 정중하게 대우하기 위해 함께 앉아 이야기를 나눈 것이다. 그런데 여기서 그치지 않고 그가 전하는 말투가 주인에 대한 공경으로 가득 차 있었기 때문에 공자는 심부름꾼을 칭찬함으로써 동시에 거백옥까지 찬미하였다. 다른 고전들에서도 거백옥은 끊임없이 자신의 잘못을 찾아 반성하고 고치려 했던 인물로 그려진다. 예를 들면 《회남자(淮南子)》는 "거백옥은 나이 쉰에도 49세까지 한 일이 잘못되었음을 알고 반성하였다"라고 적고 있다.

따라서 심부름 온 사람은 조금도 불필요한 이야기는 하지 않고 자기 주인의 핵심적인 부분만 간략하게 전한 것이다. 이것이 바로 구차함이 없는 말하기다. 반면에 《논어》〈계씨〉에는 구차하게 말하기의 전형이 등장한다.

―――

계씨가 장차 부용국 전유를 치려 하니 염유와 계로가 공자를 찾아뵙고 말한다. "계씨가 장차 전유를 향해 정벌하는 일이 있을 것입니다."

공자는 말했다. "구(염유)야! 네가 이 잘못을 한 것 아니냐? 모름지기 전유는 옛날에 선왕이 동몽산의 제주로 삼았고, 또 그 나라가 우리나라 영토 범위 안에 있으니 이는 노나라 사직을 지켜온 신하다. 어찌 정벌할 필요가 있겠는가?"

이에 염유가 변명했다. "계손께서 정벌하려 했을지언정 우리 두 신하된 사람은 모두 정벌을 원하지 않았습니다."

공자는 말했다. "구야, 주임이 한 말 중에 이런 말이 있다. '온 힘을 다해 지위에 나아가서 능히 할 수 없는 자는 그만두라'고 하였으니 (모시는 주군이) 위태로운데도 잡아주지 않고 넘어지려 하는데도 부축해주지 못한다면 장차 어디다 저 신하를 쓰겠느냐? 또 너의 말은 지나치다. 호랑이와 외뿔들소가 우리에서 뛰어나오고 고귀한 거북등껍질과 옥이 궤 속에서 훼손되는 것, 이것이 누구의 잘못이겠는가?"

다시 염유가 변명했다. "지금 저 전유가 (성곽이) 견고하고 비읍에 가까우니 지금 취하지 않으면 후세에 반드시 우리 자손들의 근심거리가 될 것입니다."

공자는 말했다. "구야! 군자는 이익을 탐하는 것을 말하지 않고 굳이 변명하는 것을 미워한다. 내 들으니 다스릴 나라를 가진 자, 다스릴 집안을 가진 자(집안어른)는 (백성이나 식구가) 적음을 근심하지 않고 서로 고르지 못함을 근심하며, 가난함을 근심하지 않고 서로 편안치 못함을 근심한다고 한다. 모두 고르면 가난함이 없고, 서로 편안하면 기울어짐이 없다고 했다.

무릇 이와 같기 때문에 먼 나라 사람이 굽히고 들어오지 않으면 (군주는) 스스로의 문덕을 닦아서 그들을 오게 하고, 이미 왔으면 편안하게 해주는 것이다. 지금 유와 구 두 사람은 계씨를 보필하되 먼 나라 사람이 굽히고 들어오지 않는데도 능히 오게 하지 못하고, (그로 인해) 노나라가 분열되고 무너지는데도 능히 지켜내지 못하고, 그런데도 창과 방패를 나라 안에서 동원하려고 꾀하고 있으니 나는 계손의 진짜 근심은 전유에 있지 않고 병풍(나라) 안에 있을까 봐 두렵다."2-12

내용이 길기 때문에 내문에 내용에 따라 나누어가며 풀이해보자. 먼저 계씨(季氏)가 장차 전유(顓臾)를 치려 하니 공자의 제자 염유(冉有)와 계로(季路, 자로)가 공자를 찾아뵙고 말한다.

"계씨가 장차 전유를 향해 정벌하는 일이 있을 것입니다."

노나라 실권자 계씨가 자기 나라의 부용국(附庸國) 전유를 정벌하려 하자 계씨 밑에서 벼슬을 하고 있던 두 제자 염유와 계로가 이 같은 사실을 공자에게 전한 것이다. 이에 공자는 염유를 향해 다음과 같이 꾸짖는다.

"구(求, 염유)야! 네가 이 잘못을 한 것 아니냐?"

이와 관련해 주희는 "염유가 계씨를 위하여 세금을 많이 거두어서 더욱 권력을 행사하였으므로 공자께서는 유독 그를 꾸짖으신 것"이라고 풀이한다. 다시 공자의 꾸지람이 이어진다.

"모름지기 전유는 옛날에 선왕(先王)이 동몽산의 제주(祭主)로 삼았고 또 그 나라가 우리나라 영토 범위 안에 있으니 이는 노나라 사직(社稷)을 지켜온 신하다. 어찌 정벌할 필요가 있겠는가?"

공자의 꾸짖음에 대한 배경 풀이는 주희의 것이 상세하다.

"동몽(東蒙)은 산 이름이다. 선왕이 전유를 이 산 아래에 봉하여 그 제사를 주관하게 하였으니, 노나라 땅 7백리 안에 있었다. 사직(社稷)은 공가(公家, 국가)라는 말과 같다. 이때 노나라를 넷으로 나누어 계씨가 그중 둘을 차지하고 맹손(孟孫)과 숙손(叔孫)이 각각 하나씩을 차지하였으며, 오직 부용국만이 아직도 (어느 쪽에도 속하지 않는) 노나라의 공신(公臣)이 되었는데 계씨가 또 이것을 취해서 자신에게 보태려고 하였다. 그러므로 공자께서 '저 전유는 곧 선왕께서 봉한 나라이니 정벌할 수 없으며, 노나라 안에 있으니 굳이 정벌할 필요가 없으며 사직의 신하이니 계씨가 칠 수 있는 대상이 아니다'라고 말씀하신 것이다. 이는 사리에 지극히 당연하고 바꿀 수 없는 정해진 대체(大體)인데, 한마디로 그 곡절을 다하시기를 이와 같이 하셨으니 성인(聖人)이 아니면 불가능하다.”

사정이 이렇게 되자 염유도 공자의 꾸지람에 답하지 않을 수 없게 되었다. 염유가 구차스럽게 변명하듯 말한다.

“계손(季孫)께서 정벌하려(欲之) 했을지언정 우리 두 신하된 사람은 모두 정벌을 원하지 않았습니다.”

공자는 염유의 책임을 물었는데 염유는 계씨 탓으로 돌려버린 것이다. 당연히 공자는 실망했다. 과연 공자는 무엇을 가장 중하게 책할 것인가? 공자는 말한다.

“구야, 주임(周任)이 한 말 중에 이런 말이 있다. ‘온 힘을 다해 지위에 나아가서 (주어진 직무를) 능히 할 수 없는 자는 그만두라’고 하였으니 (모시는 주군이) 위태로운데도 잡아주지 않고 넘어지려 하는데도 부축해주지 못한다면 장차 어디다 저 신하를 쓰겠느냐? 또 너의 말은 지나치다. 호랑이와 외뿔들소가 우리에서 뛰어나오고 고귀한 거북등껍질과 옥이 궤 속에서 훼손되는 것, 이것이 누구의 잘못이겠는가?” 이에 대한 주희의 풀이가 명쾌하다.

“우리에 있다가 뛰어나오고 궤 속에 있다가 훼손되었다면 맡아 지키는 자가 그 잘못을 면할 수 없음을 말씀하신 것이니, 두 사람이 지위에 있으면서 떠나지 않으면 계씨의 잘못을 그들이 책임지지 않을 수 없다는 것을 밝히신 것이다."

이에 대해서는 정약용의 보충이 좀 더 상세하고 흥미롭다.

"호랑이와 들소는 계씨의 난폭하고 도리에 거슬리는 행위를 비유한 것이고, 거북등껍질과 옥은 계씨의 존귀함을 비유한 것이다. (호랑이와 들소가) 뛰쳐나가 (사람들을) 들이받고 물면 이는 우릿간을 지키던 자의 죄이며, (거북등껍질과 옥을) 훼손하여 파괴하면 이는 궤짝을 지키던 자의 죄이다. 계씨가 악을 행하여 죄를 짓는 것은 가신이 그 허물을 지지 않을 수 없음을 밝힌 것이다."

우리의 주제 문맥에서는 공자의 이런 말이 조금도 구차함이 없는 말이다. 자리와 지위에 대한 욕심과 미련 때문이었을까? 공자가 이렇게 이야기하는데도 염유의 자기모순에 가까운 변명은 계속된다. "지금 저 전유가 (성곽이) 견고하고 비읍(費邑)에 가까우니 지금 (정벌하여) 취하지 않으면 후세에 반드시 우리 자손들의 근심거리가 될 것입니다."

어쩌면 이것이 염유의 본심인지도 모른다. 문맥을 보면 공자는 점점 더 화가 나고 있었다.

"구야! 군자는 이익을 탐하는 것을 말하지 않고 구차스럽게 변명[辭]하는 것을 미워한다."

염유의 변명이 이어지자 공자는 자신을 군자(君子)에 빗대어 "네가 네 이익을 탐하는 것은 개의치 않겠지만 둘러대는 너의 변명은 정말 못 들어주겠다"라고 은근히 꾸짖은 것이다. 그리고 나서도 분이 풀리지 않았는지, 아니면 이 정도 해서는 염유가 못 알아들을 것이라고 생각했는지 정치에 참여하는 자의 자세에 대해 상세하게 일러주면서 염유를 통렬하게 비판한다. 평소 공자의 말하는 투에 비하면 상당히 직설적이다.

"내가 들으니 다스릴 나라를 가진 자, 다스릴 집안을 가진 자(집안어른)는 (백성이나 식구가) 적음을 근심하지 않고 서로 고르지 못함을 근심하며, 가난함을 근심하지 않고 서로 편안치 못함을 근심한다고 한다. 모두 고르면 가난함이 없고, 서로 편안하면 기울어짐이 없다고 했다." 이에 대한 주희의 풀이다.

"과(寡)는 백성이 적은 것을 말하고, 빈(貧)은 재물이 궁핍한 것을 말하고, 균(均)은 각각 그 몫을 얻은 것을 말하고, 안(安)은 상하가 서로 편안한 것을 말한다. 계씨가 전유를 취하려고 함은 백성이 적음과 가난함을 근심해서이다. 그러나 이때에 계씨가 나라를 점거하고 노(魯)나라 임금은 백성이 없었으니 고르지 못한 것이요, 군주는 약하고 신하는 강하여 서로 혐의와 틈이 생겼으니 편안하지 못한 것이다. 고르면 가난함을 근심하지 않아 화합하고, 화합하면 백성이 적음을 근심하지 않아 편안하고, 편안하면 서로 의심하거나 시기하지 않아 나라가 기울고 전복될 근심이 없게 된다."

공자의 비판은 계속된다. "무릇 이와 같기 때문에 먼 나라 사람이 굽히고 들어오지 않으면 (군주는) 스스로의 문덕(文德)을 닦아서 그들을 오게 하고, 이미 왔으면 편안하게 해주는 것이다. 지금

자로와 염유 두 사람은 계씨를 보필하되 먼 나라 사람이 굽히고 들어오지 않는데도 능히 오게 하지 못하고, (그로 인해) 노나라가 분열되고 무너지는데도 능히 지켜내지 못하고 창과 방패를 나라 안에서 동원하려고 꾀하고 있으니, 나는 계손의 진짜 근심은 전유에 있지 않고 병풍(나라) 안에 있을까 봐 두렵다."

구차한 말하기와 구차함이 없는 말하기를 동시에 맛볼 수 있는 말이다.

직언(直言)하지 말라

나라나 조직에서의 말 중에서 가장 중요한 문제가 바로 직언이다. 그런데 내가 《논어》를 오랫동안 강의하면서 강조하는 말 중 하나가 '직언을 해서는 안 된다는 것이 공자의 가르침'이라는 것이다. 이렇게 말하면 사람들은 대부분 믿을 수 없다는 반응을 보인다. 아마도 독자들은 방금 보았던 사례, 즉 염유에 대한 공자의 비판도 결국은 직언을 하라는 뜻이 아니냐고 이해할 수 있을지도 모르겠다. 그러나 내용상의 직언, 직간과 방식이나 행태로서의 직언, 직간은 다르다. 이 점을 구분하지 못하면 그 말이 광직(狂直)해지고 자칫 자신의 몸만 망치게 된다.

그 첫 출발은 상황 인식이다. 말은 상황에 따라 달라질 수밖에 없다. 다음은 〈헌문(憲問)〉 편이다.

공자가 말했다. "나라에 도리가 있을 때는 말이나 행동 모두 당당하게 하고, 나라에 도리가 없을 때는 행동은 당당하게 하되 말은 공손하게 해야 한다."2-13

윤돈(尹焞)은 이렇게 풀이한다. "군자의 몸가짐은 변할 수 없지만 말에 이르러서는 때로 감히 다하지 못하여 화(禍)를 피하는 경우가 있다." 화의 단서는 대부분 행동보다는 말에서 싹트기 때문이다. 공손이란 내용으로서의 직언, 직간이 아니라 방식이나 행태로서의 직언, 직간을 말한다. 내용과 방식을 잘 구분하지 못하면 공자의 간언(諫言)에 대해 무조건 직언을 해야 한다는 식으로 오해하기 쉽다. 〈자한(子罕)〉편은 이 점을 명확하게 보여준다.

공자가 말했다. "바르게 타이르는 말을 따르지 않을 수 있겠는가? 잘못을 고치는 것이 중요하다. 완곡하게 에둘러 해주는 말을 기뻐하지 않겠는가? 그 실마리를 찾는 것이 중요하다. 기뻐하기만 하고 실마리를 찾지 않으며, 따르기만 하고 잘못을 고치지 않는다면 내 그를 어찌할 수가 없다."2-14

여기서 공사는 윗사람에게 간언하는 두 가지 모델을 제시하고 있다. 하나는 법어(法語)로 해주는 것이고, 또 하나는 손어(巽語)로 해주는 것이다. 즉, 하나는 모범[法]을 통해 곧바로 타이르는 것이고, 또 하나는 에둘러서 공손하게[巽=恭遜] 타이르는 것이다. 모범을 통해 곧바로 타이르는 것은 따르지 않을 수 없고, 에둘러서 공손하게 타이르는 것은 기뻐하지 않을 수 없다. 곧장 타이르는 말을 들었을 때는 고치는 것이 중요하고, 에둘러서 타이르는 말을 들었을 때는 무엇을 고쳐야 하는지 그 실마리를 찾아내는 것[繹]이 중요하다.

여기서 뛰어난 방식은 법어보다 손어다. 그래야만 윗사람과의 관계가 오래 지속될 수 있다. 법어가 반복되면 윗사람은 점점 의심하게 된다. 그것은 역사가 잘 보여준다. 한나라 무제(武帝) 때 직언, 직간으로 유명했던 급암(汲黯)에 대해 《한서》〈급암전(汲黯傳)〉은 이렇게 적고 있다.

"급암은 사람됨이 천성적으로 거만하고 예를 소홀히 하여 면전에서 사람을 꺾고 다른 사람의 허물을 관대하게 받아들이지 않았다. 자기 뜻에 맞는 자는 잘 대해주고 맞지 않는 자는 그냥 두고 보지 않았기에 선비들 역시 그를 따르지 않았다. 그러나 유협(游俠)을 좋아하고 기개와 절의를 중시했으며 행실을 잘 닦아 깨끗하게 처신했다. 그의 간언은 주군의 안색을 범할 정도였다.

《논어》〈헌문〉에서 자로가 임금을 올바르게 섬기는 길에 대해 묻자 공자는 말했다.

"속이지 않고 안색을 범하더라도 간쟁하는 것이다[犯之].

다시, 앞선 《한서》 〈급암전〉에 뒤이어 나오는 글이다.

평소에 늘 부백(傅柏)⊙과 원앙(袁盎)의 사람됨을 흠모했다. 관부(灌
夫), 정당시(鄭當時) 및 종정(宗正) 유기질(劉棄疾)과 사이가 좋았다.
그들 또한 자주 곧은 간언[直諫]을 올렸기 때문에 중앙의 좋은 자
리에 오래 있지 못했다."

원앙도 직언, 직간에 능한 인물이었는데 그에 대해서도 "중
앙 조정에 오래 있지 못했다"고 적고 있다. 무제는 비교적 직언,
직간을 잘 수용하는 황제였는데도 실상은 그러했던 것이다. 일반
적으로 직언, 직간을 자주 하는 신하에 대해서는 임금들이 "저 자
는 자신의 명예를 높이려고 임금을 비방한다"고 여기는 경향이 많
았다. 이는 동서고금에 두루 통용되는 일이다.

반면에 손언(巽言)은 그 뜻을 풀어낼 줄 아는 임금의 경우 오히
려 기쁘게 받아들였다. 〈태종실록〉 3년 9월 25일자 기사다.

경자일(庚子日 25일)에 동교(東郊)에서 매를 놓았다. 상이 단기(單騎)

⊙ 　　　응소(應劭)는 "부백은 양(梁)나라 사람으로 효왕(孝王)의 장수였으며 평소 강직했다"
　　　고 말했다.

로 이숙번(李叔蕃), 민무질(閔無疾), 한규(韓珪), 조연(趙涓)과 갑사 30여 기(騎)를 거느리고 동교에 나아가면서 갑사를 시켜 문을 지키게 하고 뒤쫓는 자를 내보내지 말게 했다. 조영무가 탄식하여 말했다. "상께서 비록 금하셨다 해도 단기로 나가셨으니 감히 호종하지 않을 수 있겠는가?"

이를 듣고 이저(李佇)도 쫓아 이르렀다. 상이 매를 놓아 새를 잡고서 이를 자랑하니 저(佇)가 말했다. "신은 지위가 신하로서는 지극한 데에 이르렀으니 다시 구할 바가 없으나 말을 내달려 사냥하지 않는 것은 말을 잘 타지 못하기 때문입니다."

상이 말했다. "경은 나보다 젊은데 어찌 말 타는 데 능하지 못하다는 것인가? 즐겁도다. 매가 새를 낚아채는 저 순간이여!"

저가 말했다. "저는 매가 새를 잘 낚아채는 순간을 좋아하지 않습니다."

상이 말했다. "어째서인가?"

저가 말했다. "매가 새를 낚아채는 순간이 통쾌하지 못하면 상께서 더 이상 나오시지 않을 것이기 때문입니다."

상이 말했다. "경이 말을 잘 타지 못한다고 한 것은 곧 나를 풍자한 것이로다."

이저는 완곡하게 에둘러 해주는 말을 통해 간언을 했고 태종은 그 실마리를 찾아냈다. 그 한마디는 바로 이저의 "저는 매가 새를 잘 낚아채는 순간을 좋아하지 않습니다"라는 말이다. 이렇게 되면 임금과 신하의 의리는 상하지 않은 채 신하의 간언이 잘 관철될 수 있다. 물론 두 사람 모두 《논어》에 나오는 이 구절의 의미를 잘 알고 있었다. 간언은 이렇게 하는 것이다. 그래서 공자도 스스로 관리생활을 할 때 이렇게 말하곤 했다. 〈팔일〉에 나오는 말이다.

─────
"임금을 섬기는 데 예를 다했더니 사람들은 아첨한다고 말한다.
2-15

그릇된 직언의 신화에서 벗어나야 한다. 직언, 직간이 능사가 아닌 까닭이 있다. 요즘은 잘 안 쓰는 조선시대의 중요한 용어 중 하나가 '간(諫)하다'는 말이다. 간한다는 것은 임금이나 부모님 등 윗사람이 옳지 못한 생각을 하거나 잘못을 했을 때 이를 지적하는 것이다. 요즘 식으로 보자면 비판이 될 수도 있고 설득이 될 수도 있다. 사실 예나 지금이나 자신이 모시고 있는 윗사람을 비판하거나 설득하는 일은 쉬운 일이 아니다.

조선시대 때도 간언을 잘못했다가 신세를 망친 인물들이 한둘이 아니다. 아마 지금도 사정은 별반 다르지 않을 것이다. 조선에는 임금에게 간하는 일을 주 업무로 하는 사간원(司諫院)이 있었다. 책임자는 대사간(大司諫, 정3품 당상관)이고 그 아래 사간(司諫, 종

3품), 헌납(獻納, 정5품), 정언(正言, 정6품)을 거느렸다. 이들이 하는 활동을 흔히 언론(言論)이라고 불렀다. 이들 간관(諫官)들은 누구보다 자주 임금에게 껄끄러운 이야기를 해야 했기 때문에 수시로 고초를 겪었다.

성종(成宗) 때의 일이다. 1493년(성종 24년) 8월, 인사 문제와 관련해 간관들이 성종의 처사를 간하자 화가 난 성종은 "지금의 대간(臺諫)들은 털을 불어가며 작은 흠집을 찾아내려 한다"며 대간들을 잡아들여 국문(鞫問)할 것을 명했다. 이에 8월 6일 대사간 허계(許誡)가 상소를 올려 국문 중단을 간절하게 요청했다. 그중에 이런 말이 있다. "신하가 말을 올리는 방법이 하나가 아닙니다. 정간(正諫)이 있고 규간(規諫, 정해진 법규에 따라 간하는 것), 풍간(諷諫), 휼간(譎諫)이 있으니 간하는 방법은 다르지만 그 마음은 모두 임금을 허물이 없는 땅에 두려는 것입니다."

예부터 오간(五諫)이라는 말이 있었다. 오간은 말과 태도의 강도에 따라 나눈 것으로 정간(正諫), 장간(戇諫), 강간(降諫), 휼간(譎諫), 풍간(諷諫)이 바로 그것이다. 첫째, 정간(正諫)은 곧이곧대로 간하는 것으로 직언(直言), 직간(直諫), 강간(强諫)과 통한다. 아량이 아주 넓은 임금의 경우를 제외한다면 정간은 자칫 화를 부르곤 했다. 하지만 그 마음만은 가장 간절하기에 충간(忠諫)임이 분명하다. 둘째, 장간(戇諫)은 장(戇)이라는 말뜻 그대로 우직하게 눈치 살피지 않고 간하는 것으로 전후 맥락을 살피지 않고 자기 할 말만 고집스레 하는 경우다. 이럴 경우 정간과 마찬가지로 임금의 역린(逆鱗)을 건드릴 가능성이 크다. 셋째, 강간(降諫)은 말 그대로 자신을 최대한 낮춰 겸손한 문체나 태도로 하되 할 말은 하는 것이다. 왕권이 강한 임금일수록 간하는 강도는 약해질 수밖에 없다. 넷째, 휼간(譎諫)은 에둘러 간하는 것으로 고사(故事)나 시구를 인용해 은근하게 간하는 것이다. 세조 6년(1460년) 4월 26일, 세조는 종친과 공신들을 경회루로 초청해 연회를 베풀었다. 이 자리에서 세조가 큰아버지 양녕대군에게 "저는 불교를 좋아하는 임금입니다"라고 말하자 양녕은 조카 임금에게 이렇게 말한다. "임금이 불교를 좋아하여 재물을 손상하고 백성을 해치지 않은 경우는 드물었습니다. 전하께서는 옛 사적(史籍)에 두루 통달하시어 고금(古今)의 성패(成敗)를 두루 훤하게 알고 계시니 어떻게 하는 게 좋은지는 저도 모르겠습니다." 은근히 꾸짖는 말이었으나 세조는 이 말에 웃음으로 답했다. 다섯째, 휼간과 비슷하면서 더욱 에둘러 간하는 것이 풍간(諷諫)이다. 예를 들어 이러한 사례가 풍간이다. 남계(藍溪) 표연말(表沿沫)은 연산군 때 관각문신이었다. 날만 새면 한강으로 뱃놀이 나가 기생들과 히히대는 왕의 꼬락서니를 보다 못해 한마디 했다가 성난 왕이 밀치는 바람에 강물에 빠져버렸다. 허우적거리는 표연말을 건져놓고 왕이 무엇 하러 강에 들어갔느냐고 조롱조로 묻자, 그는 참소를 당해 강물에 투신한 초나라 충신 굴원(屈原)을 만나러 갔노라고 말했다. 왕이 노해 "네가 정말 굴원을 만났느냐?

그가 무어라 하더냐?"라고 으르대자 그는 '나야 암군(暗君) 만나 강
에 빠져 죽었지만 / 그대는 천하 명군(明君) 만난 터에 무슨 일로
예 왔느냐?'라는 시를 주더라고 응수했다. 그러자 연산은 껄껄 웃
고 뱃놀이를 파했다고 한다.

이처럼 풍자를 통해 알듯 모를 듯하게 메시지를 전달하는 것
이다. 깐깐한 선비들은 풍간을 교언영색(巧言令色)으로 간하는 방
법이라 하여 폄하했지만, 실은 풍간이야말로 할 말은 하면서 일도
풀어내는 고도의 기술이었다. 비판의 강도로 보자면 정간, 장간,
강간, 휼간, 풍간 순이겠지만 설득의 기술이라는 면에서 보자면
오히려 풍간, 휼간, 강간, 장간, 정간 순이 아닐까?

알아듣는 것이 먼저다

이제 말을 잘하는 것의 문제에서 다른 사람의 말을 잘 알아
듣는 단계로 넘어가야 한다. 그래야만 더불어 일을 잘할 수 있기
때문이다. 공자는 이와 관련해서도 우리에게 생생한 도움을 주는
말들을 많이 했다. 우선 몸을 푸는 차원에서 다른 사람의 말을 들
을 때의 자세와 관련된 공자의 조언부터 짚어보자. 먼저 〈헌문(憲
問)〉 편이다.

─────

공자가 말했다. "덕을 갖춘 사람은 반드시 말도 잘하지만 말을 잘
하는 사람이라고 해서 반드시 덕을 갖추고 있는 것은 아니다."2-16

〈위령공〉편이다.

———

공자가 말했다. "군자는 말을 잘한다고 해서 그 사람을 들어 쓰지 않으며, 사람이 나쁘다 하여 그의 좋은 말까지 버리지 않는다."2-17

여기서 공자는 말의 문제를 천거, 즉 일을 위해 사람을 들어 쓰는 문제와 연결해서 풀고 있다. 아마도 소인은 이와는 반대로 할 것이다. 말에 현혹되거나 아니면 사람이 나쁘다고 해서 좋은 말까지 다 내팽개친다. 다시 〈위령공〉이다. 내용이 조금 더 심화된다.

———

공자가 말했다. "더불어 말할 만한 사람인데도 그 사람과 더불어 말을 하지 않는다면 사람을 잃는 것이요, 더불어 말할 만한 사람이 아닌데도 그 사람과 더불어 말을 한다면 말을 잃는 것이니 사람을 볼 줄 아는 사람은 사람도 잃지 않고 말도 잃지 않는다."2-18

더불어 말을 한다[與言]는 것은 함께 일을 하려고 한다는 뜻이다. 역시 일과 연관해서 말의 문제를 다루고 있다. 형병(邢昺)은 이를 사람 보는 법[知人]과 연관 지어 이렇게 풀이했다.

"만약 (사람의 수준이) 중인(中人) 이상이면 정도가 높은 것을 말할 수 있으니, 이런 사람과는 더불어 말할 만한데 더불어 말하지 않으면 이는 그 사람을 잃는 것이다. 만약 중인 이하이면 정도가 높은 것을 말할 수 없는데, 그런 사람과 더불어 말을 한다면 이는 자신의 말을 잃는 것이다. 오직 사람을 볼 줄 아는 자[知者]만이 두 가지(사람과 말)를 모두 잃지 않는다."

이상의 내용들을 총 정리해 사람을 보는 방법을 단계별로 제시한 것이 〈자한(子罕)〉에 나오는 다음과 같은 말이다.

―――
공자는 말했다. "더불어 배울 수 있다고 해서 (그 사람들 모두와) 더불어 도리를 행하는 데로 나아갈 수 없으며, 또 더불어 도리를 행하는 데 나아간다고 해서 (그 사람들 모두와) 더불어 어떤 자리에 설 수는 없으며, 또 더불어 자리에 선다고 해서 (그 사람들 모두와) 더불어 권도를 행할 수는 없다."2-19

배움과 말, 자리에 나아감 그리고 어떻게 일을 할 것인지에 대한 전체적인 그림이라고 할 수 있다. 여기서 말하는 권도(權道)란, 일을 행함에 있어 최고의 단계다. 뒤에서 자세하게 살펴볼 것이므로 여기서는 간략하게 언급하고 넘어가겠다.

조선시대로 예를 들면 오늘날 장관에 해당하는 판서의 경우에 정해진 분야가 있었다. 이 사람들은 권도가 아니라 변치 않는 일, 즉 상도(常道)를 행하면 되었다. 그러나 위의 정승들은 일정하게 맡은 바가 없고 상황에 따라 일을 종합적으로 판단해야 했다. 그것이 바로 권도를 행하는 것이다.

제2부

헤아리고
도모하는 힘

사事와 의議

"쉬우면 알기 쉽고 간략하면 따르기 쉽다. 알기 쉬우면 친밀함이 있고 따르기 쉬우면 성공함이 있다. 친밀함이 있으면 오래갈 수 있고 성공함이 있으면 크게 이룰 수 있다. 오래갈 수 있는 것은 뛰어난 이의 다움[德]이요 크게 이룰 수 있는 것은 뛰어난 이의 일[業]이다."

《주역》〈계사전〉에서 공자가 건(乾)괘와 곤(坤)괘를 합쳐서 풀이한 것으로, 건괘는 쉬움을 우선으로 하고 곤괘는 간략함을 우선으로 한다는 말이다. 이는 일을 하는 문제를 다루고 있다. 여기에서 공자는 일이 오랫동안 크게 이루어질 수 있는 길을 찾아내고 있다. 일에 대한 공자의 이 같은 생각은 이미 《논어》에 충분히 나타나 있다. 이번에는 그것이 순차적으로 어떻게 드러나 있는지를 추적함으로써 일에 임하는 자세와 일을 잘하는 방법을 정리해보자.

우리가 흘려보내서 그렇지, 유학의 경전에는 일[事]과 관련된 지침들이 참으로 많다. 《논어》의 첫머리에 해당하는 〈학이〉에는 다음과 같은 공자의 말이 나온다.

> "제후국이라도 잘 다스리려면 먼저 삼가는 마음으로 일을 해서 백성들의 믿음을 얻어내고 이어 재물을 아껴 백성들을 사랑하고 때에 맞게 백성들을 부려야 한다."01

그중에서도 가장 먼저 나오는 말이 '삼가는 마음으로 일을 해서 백성들의 믿음을 얻어내라[敬事而信]'는 것이다. 그런데 국내 대부분의 번역서들은 경사(敬事)를 '일을 공경하라'고 옮기고 있다. 이렇게 해서는 일에 임해서 구체적으로 어떻게 하는지에 관한 지혜를 얻을 수 없다. 이는 마치 책을 높인다고 해서 마냥 책을 머리 위에 들고 있는 것과 다를 바 없는 풀이다. 책은 머릿속에 넣어야 하듯이, 일은 제대로 해야 한다. 제대로 하는 것이 바로 삼가는 마음으로 일을 하는 것이다. 흔히 일머리가 있다고 하는 것이 여기에 해당한다. 일을 할 때의 가장 중요한 마음가짐이 삼가는 것[敬]임을 보여주는 구절은 또 있다. 먼저 〈자로〉 편이다.

번지가 어짊(仁)에 관해 묻자 공자가 말했다.

"평소 거처할 때 공손히 하고 일을 집행할 때는 삼가며[執事敬] 남

과 사귈 때 충성을 다하는 것은 비록 오랑캐 땅에 갈지라도 이를
버릴 수 없다."02

이번에는 〈계씨〉 편이다.

———
공자가 말했다.
"군자는 아홉 가지 염두[九思]에 두어야 할 것이 있다. 볼 때는 밝
음을 먼저 생각하고 들을 때는 귀 밝음을 먼저 생각하고 얼굴빛은
온화함을 먼저 생각하며, 몸가짐을 할 때는 공손함을 먼저 생각하
고 말할 때는 진실함을 먼저 생각하고 일을 할 때는 삼가는 것을
먼저 생각하며[事思敬], 의심스러울 때는 물음을 먼저 생각하고 분
할 때는 어려움을 먼저 생각하고 얻음을 보면 의리를 먼저 생각해
야 한다."03

사실 이 아홉 가지는 말과 행동, 일 모두에 해당되는 지침이
라는 점에서 대단히 중요하다.
이제 일과 관련된 핵심적인 자세가 삼가는 것[敬]이라는 사
실에 대해서는 의구심이 사라졌을 것이다. 그런데 경(敬)은 여전히
형이상이다. 이것을 일단 형이중으로라도 풀어야 한다. 《논어》는
'경사'를 한 번 더 밀고 나가서 〈학이〉에서 다음과 같이 구체화한다.

"일은 명민하게 하고 말은 신중하게 해야 한다."04

즉, 《논어》라는 책은 시작부터 일을 명민하게 잘하되 말은 조심하는 사람이 될 것을 요구하는 것이다. 경사(敬事)는 지사(祗事)라고도 하는데, 경(敬)과 지(祗)는 둘 다 '삼가다'라는 뜻을 갖는다. 《명심보감(明心寶鑑)》에는 이런 말이 나온다.

"일을 일으킴[作事]은 반드시 그 처음[始]을 잘 도모하는 데 있다."

〈입교〉에 나오는 송나라 학자 장사숙(張思叔)의 말이다. 명민하게 혹은 민첩하게 한다는 것은 빨리 한다는 말이 아니라, 주도면밀하게 한다는 뜻으로 당연히 그 처음을 신중히 해야 한다. 그래야 빈틈이 없다. 빈틈이 없으려면 일을 시작하기에 앞서 전체적인 윤곽을 머릿속에 넣는 것은 필수적이다. 이쯤 되면 《논어》〈술이〉에 나오는 다음의 일화는 쉽게 이해할 수 있을 것이다.

자로가 말했다. "만일 스승님께서 삼군(三軍)을 통솔하신다면 누구와 함께하시겠습니까?"
공자가 말했다. "맨손으로 호랑이를 때려잡고 맨몸으로 강을 건너려고 하여[暴虎馮河] 죽어도 후회할 줄 모르는 사람과 나는 함께할 수 없을 것이니, 반드시 일에 임하여서는 두려워하고 계책을 잘 세워 일을 이루어내는 사람과 함께할 것이다."05

자로는 적어도 용맹을 갖춘 사람[勇者]이었다. 그런데 공자는 이때 일을 언급하면서 계책을 잘 세워[好謀] 일을 성공으로 이끌 사람과 함께할 것임을 말하고 있다. 수제자 안회(顔回)를 염두에 둔 것이다.

비교가 쉽게 흔히 쓰는 한 가지 단어, 호사가(好事家)에 대해 알아보자. 호사가를 그냥 풀이하면 일을 좋아하는 사람이다. 그러나 정확한 의미는 일 벌이기를 좋아하는 사람, 좀 더 구체적으로는 앞뒤 재보지 않고 일 벌이기를 좋아하는 사람이니 호모(好謀)하는 것과는 전혀 다르다. 일[事]의 문제를 이 정도까지 이해하게 되면 응용의 폭이 훨씬 넓어진다. 나에게 《논어》 이해의 실질적이고 현실적인 길을 열어준 것은 동양고전 철학 교수님이 아니라 뜻밖에도 삼성그룹 창업자 이병철 회장의 자서전 《호암자전(湖巖自傳)》에 나오는 말이었다.

"가장 감명을 받은 책이나 늘 곁에 두는 책을 들라면 서슴지 않고 《논어》라고 말할 수 있다. 나라는 인간을 형성하는 데 가장 큰 영향을 미친 책은 바로 이 《논어》이다. 나의 생각이나 생활이 《논어》의 세계에서 벗어나지 못한다 해도 만족한다."

처음 보았을 때는 이 내용만으로도 큰 충격이었지만, 그 후 두고두고 읽으면서 이 말이 빈말이 아님을 알게 되었다. 그중 한 대목은 위의 〈술이〉에 나오는 일화의 구절과도 직결된다. 이병철 회장은 일제 말기 일본의 무리한 전쟁 정책을 이렇게 지적하고 있다.

"일본은 맨손으로 호랑이와 맞서고 걸어서 대하(大河)를 건너려는 이른바 포호빙하(暴虎馮河)의 무모한 짓을 자행하고 있었다. 이런 일본이 태평양전쟁에서 승리할 리는 없다고 생각했다."

이처럼 《논어》는 그에게 깊이 스며들어 있었다. 그밖에도 많은 사례들이 담겨 있지만 지금 우리가 알고자 하는 주제와는 맞지 않아 더 이상의 언급은 줄인다.

개인적으로 일과 관련한 이야기를 할 때 가장 먼저 떠오르는 인물은 조선의 태종 이방원이다. 그는 사람과 일의 문제에 관한 한 적어도 조선의 임금들 중에서 가장 탁월했던 임금인지도 모른다. 지극히 주관적인 견해지만 그가 만일 중국에서 태어났다면 황제의 자리에 오르고도 남았을 것이다. 그는 사람을 알아보는 데 특히 뛰어났는데, 사람을 알아보는 중요한 관건의 하나가 바로 일[事]이다.

아버지 이성계가 위화도 회군을 단행한 1388년 5월 22일 직후 그 소식이 개경에 있는 이방원에게도 들려왔다. 당시 22세로 전리정랑(조선의 이조정랑)이었던 이방원은 그 소식을 듣자마자 집으로 가지 않고 곧장 친모 한씨와 계모 강씨가 있던 포천으로 달려가 두 어머니를 모시고 아버지의 근거지인 함흥으로 향했다. 철원을 지나 함흥으로 가던 도중 이천에서 이방원은 자신을 따르던 장정 100여 명에게 이렇게 말했다.

"최영은 일을 모르는 사람이니 반드시 나를 추격하지 않을 것이다."

결국 이방원 일행은 함흥까지 가지 않고 강원도 이천(伊川)에 7일 동안 머물다가 상황이 종료되었다는 소식을 듣고 6월 초 개경으로 돌아왔다. 생사의 갈림길에서 이방원의 말대로 '일을 모르는 사람' 최영은 비참한 최후를 맞은 반면, 일을 아는 자신은 훗날 조선 개국이라는 거대한 사업을 일으키게 되었다.

일에 임하는 자세는 먼저 조심하고 두려워하는 마음가짐이다. 사람이 하는 일이기 때문에 어떤 돌발사태가 생길지 모르는 것이다. 그러므로 예상되는 어려움에 대비해 빈틈없는 계책을 세워야 한다. 그래야만 일이 좋은 결과[功]를 이루어낼[成] 수 있다. 이런 의미에서 성공(成功)은 출세가 아니라 일을 잘 시작해서 마무리해낸다는 뜻이다.

송나라 유학자 진덕수(眞德秀)는 《대학연의(大學衍義)》에서 삼가는 것이란 몸과 마음을 닦는 데도 필수적이지만, 일을 하는 데 있어서도 필수적임을 요 임금과 순 임금의 사례를 통해 보여준다. 요 임금은 신하들에게 일을 맡기면서도 "삼가라[寅]!"고 했고 두 딸을 순 임금에게 시집보내면서도 "삼가라[欽]!"고 했으며 순 임금도 형벌을 쓰거나 관리를 임명할 때 "삼가라[寅]!"고 하거나 "삼가라[敬]!"고 했다. 이를테면, 진덕수는 "요 임금과 순 임금에게 삼가는 것은 단지 몸을 닦는 데서만 그렇게 한 것이 아니고 일에 임해서도 그렇게 했던 것"이라고 말한다. 이처럼 삼가는 것은 스스로 노력해야 할 덕목이 되는 것과 동시에 다른 사람들을 살피는[知人] 실마리다. 반면에 앞서 본 자로는 말을 신중하게 하는 성품은 아니었다. 일이 시작되기도 전에 큰소리부터 치는 사람은 우선적으로 배제하는 것이 상책이다.

조선 초 1차 왕자의 난 때 희생된 정도전의 경우에 바로 이런 점에서 문제점이 분명하게 드러난다. 이방원과의 긴장이 극히 고조되던 상황에서 자신을 따르던 남은의 첩 집에서 술판을 벌였다는 것은, 그가 일에 임하는 데 있어 삼가거나 조심하고 두려워했다고 볼 수 없다. 마음을 놓아버렸던 것[放心]이다. 반면에 이방원은 소수의 군사력으로 정부군과 대적해야 하는 극히 불리한 상황에서도 치밀한 사전 준비로 일을 성사시켰다. 어쩌면 두 사람은 일에 임하는 마음가짐에서 이미 승부가 결정된 것이었는지도 모른다.

실록에서 대표적인 경사(敬事)의 사례를 언급하는 것으로 삼가는 마음으로 일을 한다는 것이 무슨 뜻인지에 대한 설명을 마무리하고자 한다.

조선 태종 때 정승 하륜(河崙)이 태종으로부터 관제개혁의 명을 받아 새로운 관제를 발표했는데, 그중에 백미가 바로 오늘날의 장관, 차관, 차관보에 해당하는 판서(判書), 참판(參判), 참의(參議)다. 아마도 지금 문화부 장관을 문화부 판서로 명칭을 바꾸자고 하면 시대착오적인 발상이라는 비판이 쏟아질 것이다. 그러나 의미를 들여다보면 꼭 그렇지만은 않다. 참의는 의견을 내는 데 참여할 수 있다는 뜻이다. 이조참의는 새로운 인물을 추천할 때 후보자의 명단을 정리하는 일을 한다. 그 이상 개입해서는 곤란하다. 누구는 좋고 누구는 나쁜지를 참여해 가리는 일은 참판의 몫이지, 참의는 개입해서는 안 되기 때문이다. 이처럼 명칭 자체가 이미 일[事]의 범위와 책임을 규정하고 있는 것이다. 그리고 판서는 말 그대로 판단해서 서명함으로써 책임을 지는 것이다.

그러나 장관, 차관, 차관보라는 명칭으로는 일을 분담하여 책임지는 일이 불가능하다. 별도의 규정이 있어야 가능한 일이다. 이처럼 명칭 하나를 정하는 일도 삼가고 또 삼가면[敬事] 두고두고 일로 인한 혜택을 얻을 수 있다. 이것이 일의 출발점으로서 정명(正名)이다.

3강.

군자가 일을
시작하는 법

미루어 헤아릴 수 있는가

하나를 가르쳐주면 하나만 아는 사람은 미루어 헤아리는[推] 능력이 없는 사람이다. 《논어》를 세심하게 읽다 보면, 미루어 헤아리는 능력을 깨우치고 길러주는 사례들이 수없이 많다. 우리가 즐겨 인용하는 〈위정〉의 온고이지신(溫故而知新)의 정확한 의미도 실은 옛것을 통해 새로운 것을 알아내는, 다시 말해 '미루어 헤아리는 능력'을 말한 것이다. 그런데 이것을 옛것을 익히고 또 새것을 배운다는 식으로 오역하면 문장이 가진 본래의 참뜻을 이해할 수 없게 된다.

공자가 말했다. "옛것을 배워 익히고 그리하여 거기서 새것을 알아내면 얼마든지 다른 사람의 스승이 될 수 있다."3-1

이 말을 이해하는 열쇠는 뒷부분에 있다. 다른 사람의 스승이 되려면 지식을 먼저 갖는다고 해서 되는 것이 아니라, 미루어 헤아리는 능력이 있을 때 가능하다. 공자가 볼 때 스승이 제자에게 가르쳐야 하는 것은 지식이 아니라 미루어 헤아리는 능력이기 때문이다. 이 점은 〈공야장〉의 대화에서 더욱 명료하게 이해할 수 있다.

─────

공자가 자공에게 물었다. "너를 안회와 비교할 때 누가 더 낫다고 생각하느냐?"

자공이 대답했다. "제가 어찌 안회와 비슷하기를 바랄 수 있겠습니까? 안회는 하나를 들으면 열을 아는 사람이고 저는 하나를 들으면 둘밖에 모르는 사람입니다."

공자는 말했다. "너는 안회만큼 되지는 않는다. (그러나) 네가 안회만큼 되지 못한다는 것을 스스로 인정한 것은 높이 평가한다."[3-2]

자공은 공자의 최고 수제자 안회에 미치지는 못하지만 대단히 뛰어난 인물이다. 흔히 안회는 인자(仁者)에 가까운 인물이고 자공은 지자(知者)에 가까운 인물로 간주된다. 인자는 자신이 서고자 함에 남도 서게 하며 자신이 통달하고자 함에 남도 통달하게 하는 사람, 지자(知者)는 사람을 볼 줄 아는 안목을 가진 사람, 용자(勇者)는 말 그대로 용기를 갖춘 사람이다. 이 모두 군자이기는 하지만 일정한 서열이 있는데 인자, 지자, 용자 순이며 안회는 인자, 자공은 지자, 자로는 용자의 전형적 인물로 《논어》에 등장한다. 그런 자공에게 공자는 아주 가혹한 질문을 던진 것이다. 이런 질문을 받으면 누구라도 당혹할 수밖에 없다. 그러나 역시 뛰어난 자공이었기에 지혜로운 답변을 했고, 공자는 그 점을 높이 평가해준 것이다. 이 일화에서 가장 주목해야 할 대목은 다름 아닌 자공의 대답이다.

"안회는 하나를 들으면 열을 아는 사람이고 저는 하나를 들으면 둘밖에 모르는 사람입니다."

사실 공자의 질문을 받았을 때 자공은 수많은 이야기를 할 수 있었을 텐데 왜 하필 이런 대답을 했을까? 그만큼 공자가 평소에도 미루어 헤아리는 능력을 강조했음을 우리도 미루어 헤아릴 줄 알아야 한다. 하나를 배우면 그것을 미루어 헤아리는 능력이 안회가 10이면 자공은 2였던 것이다.

〈학이〉에는 '미루어 헤아림'이 정확히 어떤 것인지를 보여주는 대화가 실려 있다. 역시 자공과 공자의 대화다.

———
자공이 말했다. "가난하지만 비굴하게 아첨[諂]을 하지 않는 것(사람)과 부유하지만 교만[驕]하지 않는 것(사람)은 어떠합니까?"

공자는 말했다. "그것도 좋다. 허나 가난하지만 즐거이 살 줄 아는 것(사람)과 부유하지만 예를 좋아하는 것(사람)에는 비할 바가 못 된다."

자공은 말했다. "《시경》에 '잘라내고 쪼고 갈고 다듬듯'이라 하였으니 바로 스승님께서 말씀하시려는 바입니다."

공자는 말했다. "사(賜)야! 비로소 (너와) 더불어 시를 말할 수 있게 되었구나! 이미 지나간 것을 일깨워주자 앞으로 올 것도 아는구나!"3-3

공자는 자공의 말을 듣고서 한걸음 더 나아갈 것을 촉구했는데 그 점을 곧바로 알아차리고 《시경》에 나오는 절차탁마(切磋琢磨)의 구절을 인용하자 공자는 "이미 지나간 것을 일깨워주자 앞으로 올 것도 아는구나!"라고 자공의 미루어 헤아릴[推] 수 있음을 칭찬해준 것이다. 공자가 직접 언급하는 대목을 통해 미루어 헤아림의 중요성을 마무리한다. 〈술이〉에서 공자는 이렇게 말한다.

———

"네 귀퉁이가 있는 물건을 갖고서 한 귀퉁이를 들어 보여주었을 때 나머지 세 귀퉁이를 미루어 알아차리지 못한다면 다시 반복해서 가르쳐주지 않았다."3-4

다음은 〈옹야〉에 나오는 공자와 제자 자유(子游)⊙의 대화다.

―――
자유가 노나라의 무성이라는 읍을 다스리는 읍재가 되었다. 이에
공자는 자유에게 너는 사람을 얻었느냐고 묻는다. 자유는 이렇게
답한다.
"담대멸명(澹臺滅明)이라는 자가 있는데 길을 다닐 때 지름길로 다
니지 않고, 또 공무(公務)가 아니면 한 번도 우리 집에 온 적이 없
습니다."3-5

　얼핏 보면 그냥 밋밋한 대화 같지만 자유의 대답은 함축하는
바가 크다. 그의 미루어 헤아리는 능력을 보여준 것이기 때문이
다. 이 구절에 대해 진덕수(眞德秀)는《대학연의》에서 이렇게 풀이
하고 있다. 원래 이 책은 황제 앞에서 경전을 읽고 풀이한 내용을
담은 것이라 경어체를 사용했다.

　"신이 가만히 살펴보겠습니다. 자유는 지름길로 다니지 않고
공무가 아니면 자신의 집에 오지 않는다는 점을 들어 담대가 현능
하다[賢]는 것을 알아차렸습니다. 대체로 이 두 가지는 아주 작은

⊙　　　성은 언(言)이고 이름은 언(偃)이며 자유는 그의 자다. 공자보다 45세 연하였고, 20
　　　여 세부터 관직생활을 했다. 무성(武城)의 재상이 되어 예악(禮樂)으로 정치를 펼쳤
　　　다. 공문십철(孔門十哲)의 한 사람으로 학문에 밝았다고 한다. 공자가 무성을 지나
　　　갈 때 현가(弦歌)를 듣고 기뻐했다.

행실[細行]이기는 하지만 그것으로 미루어 헤아려[推] 보아서 첫째, 길을 다닐 때는 지름길로 다니지 않았으니 이는 굽은 길을 피하고 빨리 하려 욕심내지 않는 것을 살펴낸 것이고 둘째, 공무가 아니면 한 번도 사사로이 윗사람의 집에 오지 않았으니 이는 윗사람을 섬기는 데 아첨으로 기쁘게 하려는 마음이 없었다는 것을 살펴낸 것입니다.

자유는 일개 읍재일 뿐이었는데도 그 사람을 취하는 것을 이처럼 (최선을 다해) 했습니다. 따라서 그 이상의 지위에 있는 경우 재상은 천자를 위해 백료(百僚)를 고르며, 임금은 천하를 위해 재상을 고를 때 반드시 이처럼 잘 살펴야 할 것입니다. 그래서 (송나라의 명신) 왕소(王素)는 재상을 임명하는 문제를 논하면서 환관이나 궁첩은 후보자들의 이름을 알아서는 안 된다고 강조했고, 《자치통감(資治通鑑)》을 쓴 사마광(司馬光)은 간관(諫官)을 쓸 때에는 권간(權奸)들과 밑으로 통교하지 않는 자를 써야 한다고 했으니 반드시 이와 같이 한 이후에야 강직하고 바르며 공명정대한 인사가 관직에 진출하게 되고, 반면에 인사 청탁을 다투어 하고 아첨을 일삼는 풍조는 사라지게 될 것입니다."

여기서 진덕수는 일개 읍의 인사 선발을 실마리로 삼아 송나라 황제의 재상 고르는 법으로 이야기를 확대하고 있다. 이 또한 진덕수의 제대로 된 미루어 헤아림[推]이다.

신시경종(愼始敬終), 처음부터 끝까지 삼가다

한나라 유학자 유향(劉向)은 공자가 죽고 나서 가장 큰 아쉬움으로 '미언(微言)이 끊어진 것'이라고 했다. 미언이란 뜻이 깊은 말로 공자의 말은 숨어 있고 미미한 듯하면서도[隱微] 그 뜻이 크고 깊다는 것이다. 그것을 미언대의(微言大義)라고 했다. 앞서 보았던 형이상중하를 넘나드는 언어 사용 방식과도 일맥상통한다.

그러나 송나라 때부터 주자(朱子)의 성리학(性理學)이 성행한 이래 공자의 텍스트를 읽는 방식도 크게 왜곡되었다. 특히 주자학의 절대적 영향하에 있었던 조선시대를 거치면서 우리의 공자에 대한 태도 또한 실상과 많이 동떨어졌다. 그래서 가능하면 공자와 시대적 거리가 멀지 않았고, 살아 있는 지혜로서 공자의 생각을 받아들였던 한나라 학자들의 도움을 받아 공자의 지혜를 받아들일 때 공자가 강조하고자 했던 바에 깊이 들어갈 수 있다.

사서삼경 중 하나인 《서경》만 해도 제왕학의 핵심 텍스트임에도 불구하고 삼경(혹은 오경)보다는 사서만을 중시했던 주자학의 악영향으로 인해 오늘날에는 유학 전공자들조차 제대로 읽지 않는 책이 되어버렸다. 《시경》과 《주역》 또한 마찬가지다. 주자학은 간단히 말하면 공자 없는 유학인 셈이다.

《서경》〈우서(虞書)〉'대우모(大禹謨)' 편에 순 임금이 우왕(禹王)에게 제위를 물려주면서 임금 된 자의 마음가짐을 전해주는 구절이 나온다. 제왕학의 핵심 격언이다.

"사람의 마음[人心]이란 오직 위태위태한 반면 도리의 마음[道心]은 오직 잘 드러나지 않으니 (그 도리를 다하려면) 정밀하게 살피고 한결같음을 잃지 않아[惟精惟一] 진실로 그 적중해야 할 바를 잡도록 하여라!"

물론 이 말은 공자가 한 말은 아니다. 그러나 《서경》의 편집자가 공자라는 점에서 공자가 이 말을 선택했다는 사실 자체가 이미 공자의 뜻을 에둘러 담고 있는 것이다. 여기서 핵심은 "정밀하게 살피고 한결같음을 잃지 말라[惟精惟一]"이다. 이 말을 한 번 풀면 한결같음은 굳셈[剛]이고 정밀하게 살피는 것은 눈 밝음[明]이다. 한결같을 때라야 굳세고, 빈틈없이 훤하게 살필 때라야 눈 밝다고 할 수 있다. 즉, 순 임금이 제시한 임금다운 임금의 요체는 '강명한 군주'가 되라는 것이다.

이제 굳셈과 눈 밝음의 뜻을 풀어야 한다. 그래야 현실에 적용이 가능하기 때문이다. 그것은 《논어》의 도움을 받으면 된다. 먼저 〈공야장〉 편이다.

―――
공자는 말했다. "나는 아직 진정으로 굳센 사람을 보지 못했다." 어떤 사람이 "신정(申棖)이 있습니다"라고 대답하자 공자는 말했다. "신정은 욕심(으로 가득한 자)이니, 어찌 굳세다고 할 수 있겠는가?"3-6

우리는 진정으로 굳센 사람과 겉으로만 굳센 사람을 잘 구분하지 못한다. 겉으로만 굳센 사람은 공자가 말하듯이 욕심으로 가득 찬 사람이다. 공적인 도리를 위해 일관된 뜻을 지키는 사람이 진정 굳센 사람인 반면, 욕심을 숨긴 강인해 보이는 사람은 사이비(似而非) 즉, 비슷해 보이지만 실은 그렇지 않은 사람이다. 공과 사의 문제가 들어 있는 것이다. 이는 마치 겉으로 교언영색하면서도 진정으로 어진 사람과 그렇지 못한 사람이 있는 것과 같다. 이어 눈 밝음[明]을 보자. 〈안연〉 편이다.

> 자장이 눈 밝음에 관해 묻자 공자는 말했다. "서서히 젖어드는 참소(讒訴)와 피부를 파고드는 하소연[愬]이 행해지지 않는다면 그 정사는 밝다[明]고 이를 만하다."3-7

여기서 보듯이, 눈 밝음이란 공적인 마인드에 입각해 주변에서 일어나는 사사로운 중상모략이나 친족 혹은 측근들의 간절한 부탁 등을 끊어내는 것이다. 그것은 정밀하게 살피지 않고서는 불가능하다. 이것이 유정유일(惟精惟一)로 예나 지금이나 변함없이 통용될 수밖에 없는 리더의 최우선 자질이다. 이는 역사 속의 인물을 통해 그들의 성패를 살필 때 분명하게 드러난다. 강명함은 인사를 통해 드러난다. 《논어》에 등장하는 순 임금의 사례는 십중팔구 인사(人事) 혹은 지인(知人)과 관련된 것임도 바로 그 때문이다.

〈태백〉 편이다.

> 순 임금에게는 (어진) 신하 다섯 명이 있어 천하가 다스려졌다.3-8

임금이 일을 하는 과정에서 가장 많은 공력을 쏟아야 할 부분은 인사(人事), 그중에서도 재상을 잘 고르는 일이다. 그것만 잘하면 임금은 몸을 부지런히 움직여야 할 일은 거의 없게 된다. 이런 맥락을 이해할 때라야 〈위령공〉에 나오는 다음과 같은 공자의 말도 쉽게 알 수 있다.

> "무위하면서 다스린 임금은 순 임금일 것이다. 무릇 무엇을 하였겠는가? 몸을 공손하게 하고 바르게 남면하였을 뿐이다."3-9

〈위정〉에 나오는 구절도 비유를 들었을 뿐이지, 실은 순 임금의 이 같은 모습을 그려내고 있는 것이다.

> "정치를 (임금)다움으로 하는 것은 비유하자면 북극성이 자기 자리에 머물러 있으면 뭇별들이 그것에게로 향하는 것과 같다."3-10

그중에서 특히 굳셈과 관련해서 한 가지 짚어둘 사항은 굳셈, 즉 오래가는 마음 혹은 한결같은 마음의 중요성이다. 무일(無

逸), 즉 시종일관 게을러지지 않는 마음이 바로 굳셈[剛]이기 때문이다.

원래 무일은 주나라 때 주공(周公)◉이 섭정을 하다가 마치고 나서 조카인 성왕◉◉에게 전권을 넘겨주면서 경계해야 할 딱 한마디로 "게을러서는 안 된다[無逸]"는 뜻을 담아 쓴 글의 제목이다. 그런데 군주가 게으르다는 것은 과연 무슨 뜻일까? 백성들의 삶이 얼마나 힘든지를 진실로 안다면 군주는 게으를 수가 없다는 뜻이다. 그래서 주공은 "군주는 늘 무일을 마음 한가운데 오랫동안 두어야 합니다"라고 했던 것이다.

여기서 무일 못지않게 중요한 말이 '오랫동안'이다. 잠깐 하다가 말면 무일한다고 할 수 없다. 그런 마음으로 시종일관할 때라야 제대로 된 군주가 될 수 있다. 바로 이런 점에서 당나라 때 명신 위징(魏徵)이 당 태종에게 올린 '간태종십사소(諫太宗十思疏)'를 떠올리지 않을 수 없다. 태종에게 열 가지 반드시 명심해야 할 내

◉　이름은 단(旦)이고 성은 희(姬)로 숙단(叔旦)으로도 불린다. 서주 왕조를 세운 문왕의 아들이자 무왕의 동생이다. 그는 무왕을 도와 주(紂)를 쳐서 상나라를 멸했으며, 무왕의 아들 성왕을 도와 주 왕조의 기초를 확립했다. 무왕이 죽은 뒤 나이 어린 성왕이 제위에 오르자 섭정(攝政)이 되었다. 주나라 초기에 대봉건제(大封建制)를 실시하여 주 왕실의 기틀을 공고히 했으며, 예악(禮樂) 제도를 제정하고 세후를 봉하는 등 주나라를 강하게 만들었다. 《주례(周禮)》를 지었다.

◉◉　중국 주나라 제2대 왕이다. 아버지 무왕이 죽었을 때 어렸으므로 무공 단이 섭정이 되었다. 동이(東夷) 원정에서 귀환한 뒤 기초를 다지고 주공 단과 소공 석의 보좌를 받아 치세에 힘썼고, 그로부터 강왕 시대에 걸쳐 주나라의 성시를 실현했다고 한다.

용을 간언하는 상소라는 뜻이다. 그중에 무일과 관련된 부분이 흥미롭고 상세하다.

"처음 시작을 잘하는 사람은 많지만 능히 끝을 잘 마치는 자는 거의 없습니다."

"나태하고 게을러질까 두려울 때는 반드시 일의 시작을 신중히 하고 일의 끝을 잘 삼가야 한다[愼始而敬終]는 것을 떠올려야 합니다."

사람이 하는 일은 시작이 있으면 끝이 있기 마련이다. 그렇기 때문에 신시경종(愼始敬終)은 작은 조직이든 큰 조직이든 사람을 부리는 자리에 있는 사람이라면 잠시도 잊어서는 안 되는 경구라고 할 수 있다.

다시 조선 초로 가보자. 적어도 정치력만 놓고 보면 태종이 세종보다 몇 수 위다. 태종은 신시경종을 한시도 잊은 적이 없는 군주였다. 그 대표적인 경우가 양녕을 세자에서 내쫓고 충녕대군을 세자로 삼은 다음, 자신은 상왕으로 물러나 어린 세종이 임금으로서의 역할을 제대로 할 수 있도록 4년간 돌보아준 일이다. 세종의 경우에 이 '인턴 임금 4년'이 없었더라면 그 후 그렇게 많은 업적을 남길 수 있었을지 미지수다.

반면 세종은 신시(愼始)했는지는 몰라도 경종(敬終), 즉 일의 끝을 잘 삼갔다고는 할 수 없다. 후계 구도를 제대로 정리하지 않고 수양(首陽)과 안평(安平) 두 대군으로 하여금 어려서부터 정치에 관련된 심부름을 시키면서 정치에 관여하는 길을 열어주었다. 양녕이 세자이던 시절 효령(孝寧)이나 충녕(忠寧)이 정치와 관련된 책을 보면 그 자리에서 빼앗았던 태종과는 확연히 대조를 이룬다. 결국 세종 사후에 친형제들 간의 살육전이 벌어진 것도 실은 세종 탓이라고 할 수 있다.

결국 한 리더가 무일(無逸), 즉 게으름에 빠지지 않았는지는 그 끝이 좋았는지 여부를 살피는 것으로 충분하다. 이는 군주 혼자만의 정신적 노력으로 이룰 수 있는 일은 아니다. 명재상 위징이 당 태종에게 간언을 올렸듯이 조선 태종 때에도 신하들은 그 점을 누차 강조했다. 태종 11년(1411년)이면 재위 중간쯤을 지날 때인데 그때 사간원에서 올라온 글에 그 문제를 지적하고 있다.

'거동은 임금의 대절(大節)이니 가볍게 할 수 없는데 어제 전하께서 서교(西郊)에 행차하신 것은 명분이 없는 것입니다. 또 전하께서 즉위하신 초기에는 날마다 정사를 보시더니 중간에 육아일(六衙日)마다 조회(朝會)를 보시고 지금은 오래도록 이를 폐기하셨습니다. 밝으신 때에 비록 궐사(闕事)가 없다고는 하더라도 후세에 반드시 전하를 말하기를 '처음에는 부지런하더니 뒤에 와서 게을러

졌다'라고 할 것입니다. 바라건대 이제부터는 정사를 부지런히 보시어 연익지모(燕翼之謀)⊙를 남기소서.'

태종 또한 그 문제의 중요성을 알았기에 이렇게 답했다.

"어제의 행차는 내 마음도 불편하게 여기며 너희들의 말도 옳다. 지금 이후로는 말을 들에다 놓아두어 다시는 이와 같은 행차가 없을 것이다. 이것은 궁정이 좁아서 조회를 볼 만한 곳이 없고, 또 장막(帳幕)을 설치해 정사를 들을 수도 없었기 때문이었다. 내가 창덕궁으로 돌아가게 되면 조회를 받고 정사를 듣기를 한결같이 처음에 정사할 때와 같이 할 것이다."

'신시이경종'을 아는 임금과 신하의 대화다. 같은 해 좌의정 성석린과의 대화는 이 점을 더욱 분명하게 보여준다.

태종 11년(1411년) 신묘년(辛卯年) 5월 신유일(辛酉日 1일) 초하루에 편전(便殿)에 나아가 정사를 보았다. 좌정승(左政丞) 성석린(成石璘)이 나아와 말했다.

"지금은 사방이 무사해 나라에는 남은 곡식이 있고, 백성들은 업을 잃는 자가 없으나 염려해야 할 바는 편안할 때에 위태로

⊙　　자손을 위한 좋은 계교를 말한다.

움을 잊지 않는 것입니다. 노신(老臣)은 마음과 생각이 망연해 어찌할 바를 알지 못하오나 다만 바라건대 성상께서 생각하시기를 처음과 끝을 한결같게 하시기[終始惟一]를 바랄 뿐입니다."

상이 말했다.

"편안할 때에 위태로움을 잊지 아니함은 옛사람이 경계한 바이다. 그러나 반드시 일의 기미[事機]를 기다려야 하는 것이니 미리부터 도모할 수는 없는 것이다."

처음과 끝을 한결같게 하라는 요청에 태종의 대답이 더 인상적이다. 곧장 일의 문제로 받아서 답하고 있는 것이다.

함부로 입 밖으로 꺼내지 않는다

———

"난(亂)이 생겨나는 것은 언어가 실마리가 되기 때문이다. 따라서 임금이 주도면밀하지 못하면[不密] 좋은 신하를 잃고 신하가 주도면밀하지 못하면 몸을 잃게 된다. 비밀스러운 일이 주밀하지 않으면 해로운 일이 일어나니 이 때문에 군자는 신중하고 주도면밀해[愼密] 함부로 말을 입 밖에 내지 않는다."

《주역》의 〈계사전〉에 나오는 공자의 말이다. 이 문제는 특히 신하의 경우에는 목숨이 달린 문제라는 점에서 임금보다는 일을 수행하는 신하의 입장에서 좀 더 살펴보도록 하자. 주도면밀함을 좀 더 풀어낸 말이 《서경》의 〈군진(君陳)〉에 나온다.

"네게 만일 좋은 계책[嘉謨]과 좋은 생각[嘉猷]이 있거든 곧장 들어가 너의 임금에게 아뢰고, 밖으로 네가 그것을 알릴 때에는 이 계책과 이 꾀는 오직 우리 임금의 다움 덕분이라고 하라!"

신하의 입장에서 절대로 자신의 공로를 자랑하려고 해서는 안 된다는 말이다. 이제 형이하에 해당하는 구체적 사례를 들어보자. 한나라 유학자 유향(劉向)이 편찬한 《열녀전(列女傳)》에는 진나라 범헌자(范獻子)의 아내 이야기가 나온다.

그의 세 아들이 당시 실력자인 조간자(趙簡子)의 집에 놀러 갔다. 그의 정원에는 나무가 많았다. 조간자는 범헌자의 세 아들에게 이 나무들을 어떻게 하면 좋겠냐고 물었다. 이때 첫째와 둘째 아들은 평범한 답변을 했지만 막내아들은 눈에 띄는 답변을 내놓았다.

"세 가지 덕으로 백성을 부릴 수가 있습니다. 가령 산에 있는 나무를 베라고 명령해도 백성들은 할 것입니다. 먼저 정원을 개방해 나무를 베게 하는 것입니다. 저 산은 멀고 정원은 가까이에 있으니 이것이 백성들에게 하나의 기쁨이 될 것입니다. 또 험한 산이 아닌 평지의 나무를 베게 하는 것이 두 번째 기쁨이 될 것입니다. 다 베고 나서 백성에게 싼 값으로 판다면 백성에게 세 번째 기쁨이 될 것입니다."

조간자는 이 말을 듣고서 그대로 시행했다. 과연 백성들도 기뻐했다.

여기까지만 놓고 보면 맹자(孟子)가 늘 강조한 여민동락(與民同樂)의 정신을 당대 실력자에게 권하여 시행하게 했고, 백성들마저 기뻐했으니 아무런 문제가 없다. 오히려 칭송받아 마땅하다. 그런데 이 이야기의 주인공은 사실 세 아들의 어머니다. 막내아들은 자신이 내놓은 건의가 못내 자랑스러워 집으로 돌아와 어머니에게 이 일을 알렸다. 그런데 어머니는 칭찬은 고사하고 크게 탄식하며 이렇게 말했다.

"범씨 집안을 망하게 할 자는 바로 이 아이로구나. 공로를 떠벌려 자랑하면 어짊[仁]을 베풀기 어려운 법이고 거짓으로 남을 속이는 자는 오래 살지 못한다고 했다."

그 어머니는 이미 〈군진〉의 의미를 깊이 알았다고 할 수 있다. 좋지도 않은 계책과 생각, 즉 거짓으로 백성을 동원했고 심지어 어머니이긴 하지만 그것이 임금이 아닌 자신의 공로라고 떠벌려 자랑한 것이다. 실제로 훗날 막내아들 지백(智伯)은 한동안 진나라의 실권을 장악하는 듯했으나 자신이 추대한 애공(哀公) 때 피살

되었고 범씨 집안은 망했다. 이에 유향은 군자의 이름을 빌려 "범씨의 어머니는 난의 원인을 알고 있었다[知難本]"라고 평가한다. 윗사람을 삼가[敬] 모시는 자세가 그릇됨을 어머니는 일찍부터 알아차렸고 결국 그런 그릇됨으로 인해 지백은 죽게 된 것이다. 우리 역사를 다시 보자.

임금을 가까이에서 보필하는 재상으로서 하륜의 가장 큰 장점은 태종이 여러 차례 말한 대로 "저 사람의 귀에 들어간 것은 쉬이 입으로 나오지 않는 것"이었다. 태종이 수시로 그를 충신이라 극찬한 것은 이 때문이었다. 그랬기 때문에 지백은 비명횡사한 반면, 하륜은 대부분의 외척과 공신이 제거되었던 격랑의 시기에도 명예와 권력은 물론 천수를 다했다고 할 수 있다. 주밀함이 생과 사를 가른 것이다. 세종 2년 5월 8일 상왕 태종은 아들 세종과 술자리를 하면서 이미 세상을 떠난 하륜을 이렇게 회고하였다.

"하 정승은 사람됨이 남의 잘하는 것을 되도록 돕고 남의 잘못하는 것은 되지 아니하도록 말리어 그 충직하기가 견줄 사람이 없었다."

하륜의 이 같은 면모는 실록에 실린 그에 관한 사관의 평에 고스란히 담겨 있다.

"천성적인 자질이 중후하고 온화하고 말수가 적어 평생에 빠른 말과 급한 빛이 없었으나, 관복[端委] 차림으로 묘당(廟堂, 의정부 집무실)에 이르러 의심을 결단하고 계책을 정함에는 남들이 조금도 헐뜯거나 칭송한다고 하여 그 마음을 움직이지 않았다. 정승이 되어서는 되도록 대체(大體)를 살리고 아름다운 모책과 비밀의 의논을 계옥(啓沃, 건의)한 것이 대단히 많았으나 물러 나와서는 일찍이 남에게 누설하지 않았다. 몸을 가지고 외부의 일이나 물건을 접할 때에는 한결같이 성심으로 하여 허위가 없었으며, 종족에게 어질게 하고, 붕우(朋友)에게 신실하게 하였으며, 아래로 동복(僮僕)에 이르기까지 모두 그 은혜를 잊지 못하였다. 인재를 천거하기를 항상 제대로 된 데 못 미치면 어떻게 하나 하는 듯이 하였고 조금만 착한 것이라도 반드시 취하고 그 작은 허물은 덮어주었다. 집에 거하여서는 사치하고 화려한 것을 좋아하지 않고, 잔치하여 노는 것을 즐기지 않았다. 성질이 글을 읽기를 좋아하여 손에서 책을 놓지 않고 유유하게 휘파람을 불고 시를 읊어서 자고 먹는 것도 잊었다."

하륜은 일을 잘할 줄 아는 사람이었던 것이다.

제3부

일이 ‘되게 하는’ 사람

군자와 선비

공자가 자하에게 말했다.

"너는 군자다운 유자(儒者)가 되어야지 소인 같은 유자가 되지 말라."

《논어》 〈옹야〉에 나오는 말이다. 평소 자잘한 일에 집착하고 겉치레로서 예를 좋아하던 자하를 걱정해서 공자가 당부한 말이다. 그러나 사람은 잘 안 바뀐다. 자하의 이러한 소인 같은 면모는 공자가 죽은 후에도 그 모습 그대로 이어진 것으로 보인다. 그래서 그랬는지 공자가 세상을 떠난 후 제자들끼리 이런저런 의견 충돌이 있었는데, 흥미롭게도 《논어》의 편집자는 이를 단적으로 보여주는 일화를 〈자장〉에 실어놓았다.

자하의 한 제자가 자장에게 벗을 사귀는 데 있어 무엇이 바람직한 것인지 묻자 자장은 먼저 "자하는 뭐라고 하던가?"라고 되묻는다. 이에 그 제자는 "스승인 자하께서는 '사귈 만한 자는 사귀고 사귈 만하지 못한 자는 물리치라'고 했습니다"라고 답했다.

이 말을 들은 자장은 이렇게 답한다.

"내가 들은 것과는 다르다. 군자는 뛰어난 이를 귀하게 여기고 뭇 대중을 포용하며, 잘하는 이를 아름답게 여기고 능하지 못한 이를 불쌍하게 여기라고 하셨다. 내가 크게 뛰어나다면 남들에 대해 누구인들 용납하지 못할 것이며, 내가 뛰어나지 못하다면 남들이 장차 나를 물리칠 터이니 어떻게 남을 물리칠 수 있겠는가?"

이 대화만 놓고 보면 자장의 한판승이다. 자장의 대답이 공자가 살아있을 때 가르치던 바와 합치하기 때문이다. 실제로 그냥 우리의 눈으로 보아도 자하의 가르침은 너무도 빤한 말인데 반해서 자장이 전하는 공자의 가르침은 깊다. 그럼에도 자하는 자신의 이런 편협함과 얕은 식견을 바꾸려 하지 않았다. 〈자장〉에서 자하는 또 이렇게 말한다.

"벼슬하면서 여력이 있으면 배우고, 배우면서 여력이 있으면 벼슬을 한나."

아마도 공자가 이 말을 들었다면, 특히 앞부분을 듣고서 펄

쩍 뛰었을 것이다. 배움이 없이 벼슬을 해서는 안 되고 또 배울 때에는 죽고 살기로 배워야 제대로 배울 수 있다는 것이 공자의 일관된 가르침이었기 때문이다. 이 점은 〈선진(先進)〉에 나오는 다음 일화를 통해 쉽게 확인할 수 있다.

자로(子路)가 계씨(季氏)의 가신이 되어 자고(子羔)를 비읍의 읍재로 삼자 공자는 탄식했다. "남의 자식을 해치는구나!"

이에 자로가 맞섰다.

"백성과 사람이 있고 사직(社稷)이 있으니 어찌 반드시 책을 읽은 뒤에야 학문을 하겠습니까?"

공자가 말했다.

"바로 이런 너 때문에 나는 말 잘하는 사람[佞者]을 미워하는 것이다."

마지막 말은 아마도 "벼슬하면서 여력이 있으면 배우고"라고 말한 자하에게도 고스란히 적용된다. 그런데 특이하게도 주희(朱熹)는 바로 이 자하를 매우 좋아했다. 〈자장〉에는 자하가 말한 "널리 배우고 뜻을 독실히 하며 절실하게 묻고 가까이에서 생각하면[近思] 인(仁)은 그 가운데에 있다"라는 말이 실려 있는데, 그중에서 근사(近思)라는 말을 좋아했다. 이 말 자체가 거창한 데서 무언가를 구하지 말고 가까운 데서부터 차근차근 도리를 실천해야 한다는 뜻이다. 공교롭게도 바로 이런 멀리 내다보지 못하는 태도 때문에 자하는 공자로부터 "너는 군자다운 유자(儒者)가 되어야지 소인 같은 유자가 되지 말라"라는 지적을 들어야 했다. 그런데도 주희는 특이하게 이 말을 갖고 자신의 책 제목으로 삼았다. 《근사록(近思錄)》이 그것이다.

물론 공자도 이와 비슷한 말을 한 적이 있다. 〈술이〉에서 공자는 이렇게 말했다.

―――
"인(仁)이 멀리 있는가? 내가 인을 하고자 하면 인이 당장 이르는 것이다."

그러나 공자가 이 말을 한 것과 자하가 가까이에서 생각하는 것[近思]을 강조한 것은 차이가 크다. 우선 공자가 이 말을 했을 때는 인을 너무 고원(高遠)한 것으로 여겨, 자신은 감히 감당할 수 없다고 여기는 사람을 향해 결심과 결단을 촉구하고 있는 것이다. 결코 가까이에 있는 인에만 전념하라는 뜻이 아니다. 그래서 이처럼 가까이에 있는 인에만 전념하는 자하에 대해 공자는 죽비를 내려치듯 "너는 군자다운 유자가 되어야지 소인 같은 유자가 되지 말라"고 질다했던 것이다.

주희는 아는 바와 같이 《대학》보다는 《소학》을 중시했고 임금보다는 신하의 입장을 옹호했던 사람이다. 군자와 대척점에 있는 소인을 옹호하지는 않았지만 임금이나 군자보다는 작은 예의 실천에 주목했던 특이한 인물이다. 이 과정에서 선비, 즉 유학은 공부했으되 벼슬하지 않은 유자(儒者)가 중요한 사상적 지위를 점하게 된 것이다. 여기에 맹자의 호연지기(浩然之氣)까지 더해지면서 점점 선비는 일[事]과 멀어졌다.

조선 성종 때부터 성리학, 그중에서도 주자학이 주류 이데올로기로 자리 잡기 시작하면서 말이 중시되는 것에 비해 일은 경시되었다. 그 이후 점점 일의 이치를 알아서 일을 잘 풀어가는 유자로서의 군자는 점점 퇴색하고 뒷짐을 진 채 다른 사람의 일을 평론하고 비판하는 유자로서의 선비가 조선 사회에서 주류로 자리 잡게 된 것이다.

그러다 보니 조선의 선비는 엄밀히 말하면 군자도 아니고 소인도 아닌 어정쩡한 위상을 갖게 되었고, 군자의 중요성을 강조하는 이야기는 어디서도 들을 수가 없게 되었다. 그렇다면 본래 공자가 생각했던 군자는 어떤 사람인가? 〈자로〉에서 공자는 이렇게 말했다.

"군자는 섬기기는 쉬워도 기쁘게 하기는 어려우니, 기쁘게 하기를 도리로써 하지 않으면 기뻐하지 아니하고, 사람을 부리면서도 그 그릇에 맞게 부린다. 소인은 섬기기는 어려워도 기쁘게 하기는 쉬우니, 기쁘게 하기를 비록 도리로써 하지 않아도 기뻐하고,

사람을 부리면서도 (한 사람에게 여러 종류의) 능력이 완비되기를 요구한다."

공자가 자하에게 되지 말라고 했던 소인은 바로 이런 모습이다. 여기서 주목해야 할 점은 "사람을 부리면서도 그 그릇에 맞게 부린다"와 "사람을 부리면서도 능력이 완비되기를 요구한다'라는 말이다. 이는 둘 다 일[事]과 관련된 언급이다. 즉 아랫사람에게 일을 시킬 때 그릇에 맞게 부리는 것이 바로 공자가 말한 관(寬), 즉 너그러움이다. 공자는 이런 관이 없는 리더는 리더가 아니라고 했다. 마치 효도하지 않는 자식은 자식이 아닌 것과도 같다.

따라서 군자는 아랫사람 한 사람에게 여러 능력이 다 갖춰져 있기를 요구하지 않는다[無求備於一人]. 이렇게 하는 것이 바로 관이고 '그 사람을 그 그릇에 맞게 부리는 것'이다.

즉 공자는 군자를 말할 때 반드시 일을 이치에 맞게 처리하는 사람을 가리킨다. 주희는 공자를 지웠고 그 탓에 군자 또한 우리의 머릿속에서 사라졌다. 주희를 물리치고 공자를 다시 소환하는 것은 일의 중요성을 깨닫는 것임과 동시에 리더의 중요성을 깨닫는 것이다.

물론 조선의 선비가 소인이라는 말은 아니다. 그러나 분명한 것은 일의 관점에서 보자면 군자도 아니다. 반고(班固)의 《한서(漢書)》〈가의전(賈誼傳)〉에는 우리의 이 같은 소인 선비 군자의 구분에 관해 중요한 시사점를 주는 말이 나온다.

> "임금이 행하는 바는 벼슬하지 않는 선비[布衣]와 다릅니다. 그런
> 선비는 소소한 행실[小行]로 꾸미고 자그마한 청렴[小廉]으로 다툼
> 으로써 스스로 마을에서 인정받으려고 하지만 임금은 오직 천하
> 를 안정시키고 사직을 굳건히 하는 것 말고는 다른 게 없습니다."

임금을 군자로 바꾸면 그대로 우리의 논의와 통한다. 그리고
또 가의가 문제(文帝)에게 한 말은 그대로 우리의 결론적인 지침으
로 삼을 만하다.

> "(군자가) 말을 잘 듣는 방법은 반드시 그 일에 비추어보아야 하고
> (군자로서) 말을 하는 자는 감히 없는 말[妄言]을 해서는 안 됩니다."

군자를 되살리는 일은 단순히 주희를 우회하여 공자를 불러
오자는 한가로운 주장이 아니다. 실사구시(實事求是)의 정신을 되찾
고 공공의 마인드를 회복하자는 것이다. 이제 본격적으로 군자의
일에 관해 살펴보자.

4강.

———

선비처럼
일하지 말라

———

도덕적인 것과 도덕주의는 다르다

———

"일부 선비들은 사회의 폐단을 없애는 데 있어 허황된 말만 늘어놓고 그 사회에 존재하는 불합리한 현상, 즉 자식에게 벼슬을 물려주고 관가에서 술을 다루거나 중들에게 증명서를 발급해주는 것 등은 모른 척하고 심지어는 자신의 능력이 어느 정도인지 잘 모르는 경우까지 있다."_영가선생,《치국방략》

"선비란 누구인가? 어떤 사람을 말하는 것인가? 실천과 떨어져서 글이나 읽는 사람이다. 연약하고 창백한 얼굴을 한 사람이다. 품성이 암진하기만 하고 현실에 어두운 사람이다. 반대로 곧고 꼿꼿하고 지조가 있는 사람이다. 학식은 깊되 벼슬하지 않는 사람이다. 굶어도 의기(義氣)를 굽히지 않는 사람이다. 매화는 한평생

춥고 추워도 향기를 팔지 않는다. 그런 찬 매화 같은 사람이 선비다."_송복, 〈전통과 현대〉 1997년 가을호 특별기고

말과 일을 논하다 보면 '선비'를 빼놓고 생각하기 어렵다. 그런데 오늘날 선비 정신이 필요하겠냐는 논란을 떠나 실제로 우리가 선비라고 하면 바로 이런 모습의 인간형을 떠올리는 것은 부인할 수 없다. 문제는 이런 정신, 이런 인간형의 회복만으로 오늘날 우리가 살아가는 데 중요한 문제들을 해결할 수 있을까 하는 점이다. 무언가 조금 더 현대적인 맥락이 보강되지 않는다면 선비 정신은 그저 호고(好古) 취향을 가진 일부 사람들의 메아리 없는 외침에 지나지 않을 것이다.

이런 점에서 2015년 여름 '선비 정신의 현대화'를 외치고 나와 상당한 반향을 일으킨 경희대 임마누엘 페스트라이쉬 교수의 저서 《한국인만 모르는 다른 대한민국》은 선비의 역사상(像)과 당위론적 선비론에서 조금 나아갔다. 아쉽게도 그 책의 일부에서만 선비 정신을 짚고 있지만, 분명 시간을 현재와 미래로 넓히고 공간 또한 한반도에 국한시키지 않고 더 넓게 나아갈 수 있는 가능성을 강조한 것만으로도 높은 점수를 줄 필요가 있다. 게다가 그 자신이 외국인의 관점에서 우리를 바라볼 수 있는 시각의 특이성 또한 갖추고 있기 때문이다. 페스트라이쉬 교수의 소중한 제안이다.

"나는 한국의 정체성을 표현하고 소개하는 개념으로 '선비 정신(Seonbi Spirit)'을 채택하는 것이 어떨까 하고 생각한다. 이 단어는 그 역할을 톡톡히 해낼 만한 충분한 잠재력을 품고 있다. 선비 정신은 한국 사회와 역사에 깊숙이 뿌리 박혀 있다. 개인적 차원에서 선비 정신은 도덕적 삶과 학문적 성취에 대한 결연한 의지와 행동으로 나타난다. 사회적 차원에서는 수준 높은 공동체 의식을 유지하면서도 이질적 존재와 다양성을 존중하는 태도로 나타난다. 홍익인간으로 대표되는 민본주의 사상을 품고 있으며 자연을 극복의 대상으로 보지 않고 오히려 조화를 이루려는 특성이 두드러진다."

물론 역사 현실 속의 선비가 이질적 존재와 다양성을 얼마나 존중했는지, 홍익인간으로 대표되는 민본주의 사상을 얼마나 품었는지에 대해서는 고개가 갸우뚱해진다. 그럼에도 페스트라이쉬 교수의 제안은 분명 이 책이 전개하려는 일을 제대로 하는 군자상을 위한 훌륭한 디딤돌이 된다고 할 수 있다.

'곧은 자'와 일을 도모하지 마라

우리 사회의 선비론이 가진 문제점을 몇 가지만 짚어보자.

첫째, 선비라는 말의 몰(沒) 역사성이다. 조선시대 때 아무리 순기능을 했다 해도 과연 지금 그 같은 선비상이 꼭 필요할까? 흔히 도덕성 회복을 꼽는다. 그러나 정말 선비가 있어야만 도덕성을 회복할 수 있을까? 반대로 지금의 도덕성 저하가 정말로 선비가 없기 때문일까?

물론 한 개인이 선비로서의 삶을 자신의 모델로 삼아 살아갈 경우에는 아무런 문제가 없을 수 있다. 이 또한 그 사람의 자유의지에 따른 선택이기 때문이다. 그러나 그 같은 선비상을 일반화해 사회 전반에 요구할 때에는 문제가 생긴다. 우선 시대착오라는 비판이 그것이다. 선비론이라고 할 때 고루함, 고리타분함이 먼저 떠오르는 것은 이 때문인지도 모른다.

둘째, 선비라는 말에 뒤따르는 도덕주의의 그림자다. 그런데 도덕적인 사람과 도덕주의적인 사람은 전혀 다르다. 도덕적인 사람은 스스로 도덕적 원칙을 지키며 살아가고 다른 사람들로부터 도덕적이라는 평을 듣는 사람이다. 도덕주의적인 사람은 남에게 도덕을 강요하는 사람이다. 도덕과 도덕주의가 엉키면 네 가지 경우의 수가 생긴다. 먼저 도덕적이면서 도덕주의적인 사람이다. 이런 사람은 지행합일, 언행일치라는 면에서 높은 평가를 받을지도 모르지만 현대사회에는 맞지 않다. 우선 도덕이 하나일 수 없는데 자신의 도덕을 남에게 강요한다는 비판을 면하기 어렵다. 다만 조선과 같은 전근대 사회에서 이런 인간형은 선비[±]라고 해서 이상적이라는 평가를 받기도 했다. 현대사회에서는 도덕적이면서 도덕주의적이지 않은 사람이 가장 좋은 평을 듣게 된다. 자신에게는 엄격하고 남에게는 관대한 인간형이 바로 여기에 해당된다. 그런데 자신에게 엄격하기는 어렵고 남에게 관대하기란 더 어려워서 그런지, 주변에서 이런 사람을 만나기란 그리 쉽지 않다. 대부분 평범한 사람들은 그저 가능한 한 스스로 도덕을 지키고자 노력하며 살아간다. 이제 남은 것은 두 가지다. 도덕적이지도 않고 도덕주의적이지도 않은 경우와, 도덕적이지 않으면서 도덕주의적인 경우다. 앞의 것은 필부들이라면 대부분 그렇기 때문에 도덕적이지 않다고 해서 그다지 지탄할 만한 일은 아니다. 사람이 도덕적으로만 산다는 것은 극소수의 성직자를 제외한다면 사실상 불가능하기 때문이다. 게다가 욕망의 억제보다는 욕망의 정당한 분출을 인정하는 현대사회에서는 가장 일반적인 인간형이기도 하다.

문제는 도덕적이지도 않으면서 도덕주의를 내세우는 인간형이 가장 안 좋은 경우다. 민주화운동에 투신했던 과거를 밑천 삼아 오늘날의 부도덕을 가리는 정치인이 그런 경우에 속할 것이다. 이들이 신봉하는 가치는 분명하다. 바로 '내가 하면 로맨스, 남이 하면 스캔들'이다. 자신들의 부도덕이 문제 되면 "당신들이 더 부도덕했잖아?"라고 반격하는 한마디면 된다. 참으로 편리한 논법이 아닐 수 없다. 사실 스스로 도덕적인 사람이라도 남에게 도덕을 강요하는 것은 현대사회에서는 상당히 민망하거나 낯 두꺼운 짓이다. 이런 자들의 손에 권력이 쥐어지면 '도덕주의'는 더욱 강화된다.

셋째, 과연 21세기 현대사회에서 선비는 어떤 방식으로 존재할 수 있을까? 일단 특정 직업군으로는 존재할 수 없을 것이다. 과거에는 이런 선비의 존재 방식이 현실 속에서 가능했다. 유학의 훈련을 받은 선비들은 벼슬에 나아가거나 나아가지 않거나 선비 정신으로 무장하여 일정한 그룹을 형성하며 존재할 수 있었다. 그러나 지금도 여전히 유학의 훈련을 전제조건으로 할 수밖에 없는 선비는 마땅히 생계를 유지하며 사회에 영향력을 행사할 수 있는 길이 거의 차단되어 있다고 보아도 과언이 아니다. 억지로 찾자면, 우리 사회 한 구석에서 사서삼경을 가르치며 미미하게 존재하고 있다고나 할까? 이렇게 되면 선비라는 개념이 아무리 좋다 한들 쓰일 데가 없다.

선비는 '일'을 모른다

조선을 대표하는 선비 정신의 소유자로 누구를 떠올리는가? 물론 이는 순전한 개인의 선택이라기보다는 우리 역사교육의 방향과 수준에 의해 영향을 받은 선택이 되겠지만 말이다.

조선 초부터 시작해본다면 성삼문, 조광조, 이황, 이이, 송시열, 정약용 등이 많은 선택을 받을 것이다. 내 경우도 2001년부터 2007년까지 《조선왕조실록》을 다 통독하기 전까지는 대략 이런 인물들이 조선을 대표하는 선비일 것이라고 생각해왔다.

이들이 지금처럼 존숭받게 된 과정을 정면으로 파헤치는 문제는 지식 사회학적 분석을 요하는 별개의 일이 될 터이니 여기서는 생략하고 성삼문이라는 인물을 통해 그 이유만 간단히 짚어보자.

성삼문은 아마도 절의(節義)라는 면에서 보면 현대사에서 김구가 차지하는 위상을 조선시대 때 누렸다고 할 수 있다. 그것은 아무래도 비극적인 죽음이라는 공유 지점 때문일 것이다. 심지어 초대 대통령 이승만도 19세기 말 조선에서 과거 시험을 볼 때 "장차 과거에 급제해 성삼문 같은 선비가 되고 싶었다"고 회고한 바 있다. 그 후에도 성삼문은 사육신(死六臣)의 대표 인물로 여겨져 나머지 다섯 사람은 잘 몰라도 성삼문은 한국 사람이라면 다 아는 조선 초의 대표적인 선비의 표상으로 확고히 자리 잡았다. 성삼문은 사육신의 대표적 인물로 벗 신숙주와 대비를 이루면서 절의의 상징처럼 이야기되어 왔다.

그런데 과연 그런가? 조선시대 속으로 잠깐 들어가보자. 성삼문이 복권된 것은 숙종 17년(1691년)으로 그가 세상을 떠난 것이 1456년이니 무려 235년이 지나서였다. 조선이 500년이나 이어졌기에 망정이지 중국의 여러 나라들처럼 200년 정도 만에 왕조가 바뀌었더라면 조선 내에서는 끝내 역적으로 남을 뻔했다.

선비 정신을 찾고 있는 우리의 맥락에서 궁금한 것은 두 가지다. 하나는 도대체 그 선에는 어떠했기에 200년이 넘도록 신원 회복이 이루어지지 않았는가이고, 또 하나는 하필이면 숙종 때 와서 그나마 복권이 될 수 있었는가이다.

성삼문이 죽은 때와 복권된 때의 딱 중간쯤인 1576년(선조 9년) 선조는 경연관이 추천한 남효온(南孝溫)°의 《육신전(六臣傳)》을 읽고 큰 충격을 받아 3정승을 급히 불렀다.

"이제 이른바 《육신전》을 읽어보니 매우 놀랍다. 내가 처음에는 이와 같을 줄은 생각지도 못하고 아랫사람이 잘못 추천한 것이겠거니 여겼는데 직접 그 글을 보니 춥지 않은데도 떨린다."

선조는 조선왕실 최초의 방계승통(傍系承統)인 탓에 신하들이 알게 모르게 얕보았다. 사실 경연에서 군이 《육신전》을 읽어야 할 까닭은 없었다. 그보다 중요한 책들이 수도 없이 많기 때문이다. 그럼에도 그 책을 추천하여 올린 것은 선조를 얕보고 그를 길들이려 한 것이다. 즉 신하 중심의 세계관을 심으려 했던 것이다. 선조가 정승들에게 묻는 다음과 같은 발언은 사실 임금으로서 정곡을 찌른 질문이었다.

⊙　문제의 책 《육신전》을 쓴 남효온(1454~1492년)은 김시습, 원호, 이맹전, 조려, 성담수 등과 함께 생육신의 한 사람이다. 남효온은 사림의 원조인 김종직의 문하로 김굉필, 정여창, 김시습 등과 가까웠고 성종 9년(1478년) 단종의 생모인 현덕왕후의 능인 소릉(昭陵)의 복위를 상소했으나, 훈구파인 도승지 임사홍, 영의정 정창손 등에 의해 저지당하자 실의에 빠져 유랑생활을 하다가 생을 마쳤다. 1504년(연산군 10년) 갑사사화가 일어나자 김종직의 문인이었다는 것과 소릉 복위를 상소했다는 이유로 부관참시를 당한다. 문제의 책 《육신전》은 숙종 때에 와서야 정식 간행되었다.

"한 가지 논할 것이 있다. 저 육신(六臣)이 충신인가? 충신이라면 어째서 수선(受禪, 단종이 세조에게 왕위를 넘겨줌)하는 날 쾌히 죽지 않았으며, 또 어째서 (백이숙제의 고사처럼) 신발을 신고 떠나가서 서산(西山, 수양산)에서 고사리를 캐먹지 않았단 말인가? 이미 몸을 맡겨 (세조를) 임금으로 섬기고서 또 시해하려 했으니 이는 두 마음을 품은 것이다.

저 육신은 무릎을 꿇고 우리 조정을 섬기다가 필부(匹夫)의 꾀를 도모하여 자객의 술책을 부림으로써 만에 하나 요행을 바랐고, 그 일이 실패한 뒤에는 의사(義士)로 자처하였으니 마음과 행동이 어긋난 것이라고 할 만하다. 그런데도 열장부(烈丈夫)라고 할 수 있겠는가?"

사실 당시 사건 현장을 재현하면 성삼문의 경우에는 선조가 지적하는 이런 허점이 한두 가지가 아니었다. 심지어 아버지 성승의 계획대로 일을 추진했다면 거사가 이루어질 수도 있었지만, 결국 성삼문이 머뭇거린 탓에 모두가 죽게 된 측면도 있다. 성삼문은 적어도 일을 아는 사람은 아니었던 것이다. 그리고 선조의 이 질문에서 우리는 아주 중요한 실마리를 찾을 수 있다. 의사(義士)와 열장부(烈丈夫)가 그것이다. 우리가 오늘날 선비 정신을 칭할 때 그 선비는 공(公), 경(卿), 대부(大夫), 사(士)라고 할 때의 그런 선비, 즉 아직 벼슬하지 못한 사람을 가리키는 것이 아니라 의로운 선비[義

士]나 절의가 있는 선비[烈士] 혹은 뜻을 견결하게 지키는 선비[志士]를 가리키기 때문이다. 선조는 성삼문을 비롯한 육신은 의사와 열장부의 범주에 들어갈 수 없다고 단언했다. 지금 읽는데도 그 글에서 선조의 노기가 고스란히 전해진다. 이어 성삼문을 거론하며 이렇게 결론 내린다.

"어떤 이는 '성삼문 등은 그 마음에 잠시도 옛 임금을 잊지 않고 있었으므로 우리 조정을 섬긴 것은 뒷날의 공을 세우기 위한 것이다'라고도 하지만 이는 그렇지 않다. 진실로 공을 이루는 것만을 귀히 여기고 몸을 맡긴 것을 부끄럽게 여기지 않는다면 백이(伯夷) 숙제(叔齊)와 삼인(三仁)⊙도 반드시 서로 모의하여 머리를 굽히고 주나라를 섬기면서 흥복(興復)을 도모했을 것이다. 이로써 보건대 육신들은 자기 임금에게 충성을 바치지 않았을 뿐 아니라 또한 후세에도 모범이 될 수 없는 것이다."

백이와 숙제 등을 거론하며 성삼문 등은 기회를 엿보다가 실패한 것이지 처음부터 마음속으로 옛 임금을 위하겠다는 진실된 마음[忠]을 가졌다고 볼 수 없다는 점을 들어 불충한 신하로서 후세에도 모범이 될 수 없다고 단정지었다. 물론 여기서 성삼문이

⊙　은나라 말기의 3충신으로 주나라에 의해 은나라가 끝내 멸망하자 미자는 멀리 떠났고 기자는 노예가 되었고 비간은 간하다가 죽었다.

진짜 충신인지 아닌지를 논하려는 것은 아니다. 다만 조선시대에는 적어도 주류의 경우 선조와 크게 다르지 않은 인식을 갖고 있었다고 보아야 한다. 지금의 관점에서 보면 선조의 이 같은 말이 이상하게 들리겠지만 당시로서는 어쩌면 지극히 정상적인 판단인지도 모른다.

그러면 그 후 100여 년의 시간이 어떠했길 때 숙종 때에 이르러 성삼문을 비롯한 사육신은 그나마 신원 복권이 될 수 있었을까? 사육신의 복권 문제가 숙종 때 처음 제기된 것은 숙종 9년(1680년) 12월 강화유수 이선의 상소에 의해서였다. 그리고 숙종 17년(1691년) 숙종이 열무(閱武, 사냥)를 위해 노량진을 지나다가 길가에 있는 성삼문 등 사육신의 묘를 보게 되었다. 12월 6일 숙종은 예조에 명을 내려 사육신의 복작(復爵)을 명하고 관원을 보내 제사를 지내도록 조치했다. 그리고 사당에는 '민절(愍節)'이라는 편액을 내려주었다. 이후 조선 사람이라면 누구나 사육신의 충절을 내놓고 존경하게 되었다. 조정의 일부에서 문제를 제기하기는 했으나 숙종은 묵살했다.

그런데 흥미로운 것은 세조와 대립각을 세웠다는 점에서 비슷한 맥락일 것 같은 김종서와 황보인에 대해서는 신원 회복을 해주지 않았다. 김종서와 황보인은 결국 영조 22년(1746년)에 가서야 복작(復爵)이 이루어진다. 이 두 사람은 절의와 무관하게 안평대군을 끼고서 수양대군에 맞서다 죽었기 때문에 충신이 아니라 권신

(權臣)으로 보았던 것이다.

　여기서 묻는다. 우리가 선비 정신의 '회복'을 위해 표상으로 삼아야 할 사람이 정말 성삼문일까? 다소 부정적 의미의 선비의 표상이라면 크게 틀린 말은 아니겠다. 그러나 앞으로 우리가 추구하게 될 바람직한 군자의 표상으로는 부적격이라고 할 수 있다. 무엇보다 그는 일[事]을 모르는 사람이었기 때문이다.

논(論)하지 말고, 의(議)하라

　이쯤에서 개인적인 생각의 변화를 이야기해야 할 것 같다. 언론사 생활을 하면서 대학 때 가졌던 생각이 조금 바뀐 것이 있다. "말보다는 일을 중시하자." 이는 1990년대 후반의 이야기이니 내가 동양의 고전 공부를 시작하기 10년 전쯤 생겨난 것이다. 그것은 우리 지식인 사회에 대한 지속적인 관찰을 통해 얻어낸 일종의 체험적 통찰이라고 할 수 있다.

　나는 문화일보나 조선일보에서 주로 학술 담당이나 출판 담당 기자로 일했기 때문에 누구보다 우리 사회의 지식인, 특히 교수들을 만나 이야기를 나눌 기회가 많았다. 그때마다 드는 생각은 그들의 말에 책임감이 수반되지 않는다는 것이었다. 어째서일까? 대부분 현실감이 없고 무엇보다 자기주장만 강할 뿐 그것을 일로 추진할 경우 어떻게 될 것인지에 대한 감각이 상당히 떨어졌기 때문이다.

일을 생각한다면 대안은 필수적이다. 그런데 우리 지식인들은 대부분 대안 제시 능력이 떨어지다 보니 비판(批判)으로 몰려갔다. 거기서는 비판의 강도가 셀수록 발언권도 높아지는 문화가 형성되어 있었다. 그런데 대안적 비판이 아니라 비판을 위한 비판을 하게 되면 결과적으로 현실로부터 멀어지게 된다.

그렇다고 현실을 무조건 정당화하는 것이 대안적 비판은 아니다. 현실을 비판하려면 그 비판의 정도에 상응하는 현실에 대한 인식의 깊이가 동반되어야 한다. 비판의 정도와 현실 인식의 깊이가 상응할 때 그 비판도 힘을 얻는 것이다. 그런데 지식인 사회는 우리 사회와 독립된, 실은 괴리된 폐쇄 영역을 구축하다 보니 현실과 아무런 관련 없는 주장을 해도 누구 하나 견제하지 않는다. 이 점은 우리의 대학 사회나 작가 공동체에 공히 나타나는 문제인데 이에 대한 비판은 다음 기회로 미룬다.

이런 과정을 거치면서 나는 자연스럽게 말보다는 일 중심의 사고를 강조하는 입장을 갖게 되었다. 어떤 사람을 볼 때 그 사람이 관련된 일에 얼마나 기여했는지를 정확히 살핀 다음에 그 사람의 말과 행동을 판단하게 되었다는 뜻이다. 이런 체험 덕분인지 《논어》〈공야장〉에 나오는 다음 구절을 더욱 절실하게 이해할 수 있었다. 참고로 아래에 등장하는 재여(宰予)는 공자마저 가르침을 포기했던 문제아였다.

재여가 낮잠을 자자 공자는 말했다. "썩은 나무는 조각할 수 없고, 거름흙으로 쌓은 담장은 손질할 수가 없다. 내 재여에 대하여 꾸짖을 것이 있겠는가?"

공자는 말했다. "내가 원래는 사람에 대하여 그의 말을 듣고 나서 그의 행실을 믿었는데, 지금 나는 사람에 대하여 그의 말을 듣고 다시 그의 행실을 살펴보게 되었으니, 나는 재여로 인해 이렇게 고치게 되었다."4-1

말과 일에 관련해 반드시 짚어야 할 단어가 있다. 바로 의논(議論)이라는 말이다. 의론이 아니라 의논이다. 실은 여기에 이미 실마리가 들어 있는데 우리는 그냥 지나친다. '의론'이라 읽지 않고 '의논'이라 읽는 것은 논(論)도 별도의 독립적인 의미를 갖고 있다는 뜻이다. 즉, 의론이라 하지 않고 의논이라고 하는 것은 의(議)하고 논(論)한다는 말이다.

그렇다. 뒤에 가서 더 상세하게 살펴보겠지만, 한문의 경우 두 자짜리 단어는 십중팔구 한 자씩 옮겨야 제 의미가 살아난다. 공경(恭敬)의 경우도 마찬가지다. 한문으로 공경(恭敬)이라고 되어 있을 때는 '공손하고 삼가다'라고 해야 한다. 공(恭)은 겉으로 드러나는 공손한 모습이고 경(敬)은 안으로 삼가고 조심하는 마음가짐이기 때문이다.

그러면 '의'와 '논'은 어떻게 다른가? 《대학연의》의 저자인 송나라 진덕수는 또 다른 대작 《문장정종》에서 의는 "애당초 정해진 격식[定體]이 없고 임금과 신하가 모여 이야기하면서 칭찬이나 동의, 이견이나 반대°를 표할 때 오갔던 말들 혹은 스승과 벗들이 서로를 갈고 닦아주면서[切磋] 말을 주고받고 질문과 대답을 할 때 오갔던 말"이라고 하고, 논은 "그것들을 받아 적거나[秉筆] 정사에 관한 구상을 글로써 담아낸 것"이라고 말했다. 따라서 의란 의견을 내는 것이다. 심지어 "나는 이 사안에 대해 아무 말도 하지 않겠다"라는 것도 의가 된다. 반면에 논이란 한 걸음 물러서서 어떤 주제에 관해 논리적으로 일관성 있게 진단하는 것이다.

이는 오늘날의 정치를 예로 들면 쉽게 이해된다. 우리는 국회의원(議員)이라고 하지 논원(論員)이라고 하지 않는다. 의정(議政) 활동이라고 하지 논정(論政)활동이라고 하지 않는다. 정치학자나 언론사의 정치 비평이 논정(論政)에 속한다. 언론사는 논설(論說)위원이지 의설(議說)위원이 아니다.

의에는 책임이 따르지만, 논에는 책임이 따르지 않는다. 여론(輿論)조사가 여의(輿議)조사가 될 수 없는 이유다. 우리 조상들은 이 점을 이미 알고 있었기 때문에 논정부(論政府)라 하지 않고 의정부(議政府)라고 했던 것이다. 의는 일을 하기 위해 하는 말이고, 논

⊙ 한자로는 도유우불(都俞吁咈)이다. 이는 《서경》에서 요 임금이 여러 신하들과 정사를 의논하면서 쓰인 감탄사인데, 도유(都俞)는 찬성의 감탄사, 우불(吁咈)은 반대의 감탄사이다. 또 그냥 도유우불이라고 해서 임금이 여러 신하와 더불어 정치를 토론하고 심의함을 뜻할 때도 있다.

은 그저 주장을 하기 위해 하는 말이다. 당연히 의가 논보다 중요하다. 일이 말보다 중요하다는 뜻이다.

5강.

___

'문질'을 갖춰야
군자다

___

문질을 가져야 일과 사람에 밝다

여기서는 그동안 해온 우리의 이야기를 바탕으로 군자에 대한 개략적인 그림을 정하고자 한다. 사실 군자란 여러 모습이 가능하지만 무엇보다 일과 사람에 밝은 자로서의 군자를 우리 사회에 던져보자는 것이 이 책의 가장 큰 취지다.

그렇다고 해서 이 글을 쓰고 있는 내가 군자라는 말은 결코 아니다. 다만 그간 유학에 대한 공부를 바탕으로 하면서 지금의 현실을 고려해 오늘날 우리에게 가장 필요로 하는 군자의 모습이 어떤지를 찾아서 제시하여 함께 그 같은 군자상을 각자의 마음에 담아보자는 뜻이 가장 강렬하다. 그 자원은 당연히 《논어》에 가장 풍부하다. 그중에서도 일과 사람에 밝은 사람으로서의 군자상을 정립하는 데 긴요한 구절들을 골라 살펴보겠다.

먼저 〈학이〉 편이다.

유자(有子)가 말했다. "그 사람됨이 효도하고 공손하면서[孝弟] 윗
사람 범하기를 좋아하는 자는 드물다. (또) 윗사람 범하기를 좋아
하지 않으면서 난을 일으키기 좋아하는 자는 없다. 군자는 근본에
힘쓰니, 근본이 서야 도리가 생겨난다. 효도와 공손은 어짊[仁]을
행하는 근본이라 할 만하다."5-1

어짊은 근본적으로 자기 자신이 아닌 다른 사람을 위하는 것이
다. 그래서 공자는 제자 번지가 인(仁)이 무엇이냐고 묻자 "다
른 사람을 사랑하는 것[愛人]"이라고 명쾌하게 이야기한다. 자식이
효도하는 것, 아우가 형에게 공손한 것은 곧 다른 사람을 사랑하
는 종류의 하나다. 그래서 어짊이 되는 것이다. 그리고 가장 가까
이 있는 사람을 사랑하는 사람이라야 추후 사이가 먼 사람도 사랑
할 수 있게 된다. 그래서 효도와 공손을 어짊을 행하는 근본이라
고 한 것이다. 이런 근본을 분명히 하고서 군자란 어떤 사람인지
를 보자. 〈옹야〉에서 공자는 이렇게 말한다.

"바탕[質]이 꾸밈(이나 애씀)을 이기면 거칠고 꾸밈[文]이 바탕을 이
기면 번지레하니, 바탕과 꾸밈이 잘 어우러진 뒤에야 군자가 될
수 있다."5-2

공자는 여기서 군자의 자질을 사람됨의 바탕[質]과 겉으로 드

러난 면[文]을 비교하면서 군자를 정의한다. 공자는 "바탕이 꾸밈보다 앞서면 거칠다"라고 했고 "꾸밈이 바탕을 누르면 번지레하다"라고 말한다. 예컨대 배우지 않고도 선천적으로 어질고 선한 사람이 있다면 그는 촌스러운[野] 사람이다. 공자는 이런 사람일수록 배움이 더해져야 한다고 본다. 만일 이런 사람이 타고나기를 어질고 선하다고 하여 애써 배우지 않는다면 결코 군자에 이를 수 없다. 〈학이〉의 다음 말은 바로 이 점을 지적한 것이다.

___

공자가 말했다. "젊은이들은 집에 들어오면 효도하고 밖에 나가면 공순하며 행실을 삼가고 말에는 믿음이 담겨야 하며 널리 사람들을 사랑하되 어진 이를 가까이 (하는 것을 배우려) 해야 한다. 이런 일들을 몸소 익혀 행하면서도 남은 힘이 있거든 그때 가서 애쓰는 법[文]을 배우도록 하라."5-3

이 맥락에서 보면 '글을 배우도록 하라'보다는 문질의 맥락에서 말 그대로 '문(文)을 배우도록 하라'고 하는 것이 더 적합하다. 공자가 말한 첫 문장이야말로 말 그대로 인간의 '바탕'을 구체적으로 설명하는 대목이기 때문에 질(質)이 갖추어진 다음에 문을 배우라는 뜻으로 볼 수 있다. 〈학이〉에서 바로 이어지는 자하의 말은 문을 익힌 사람의 모습이 어떠한 것인지를 잘 보여준다.

자하는 말했다. "어진 이를 어질게 여기기를 여색(女色)을 좋아하는 마음과 바꿔서 하고, 부모 섬기기를 기꺼이 온 힘을 다하며, 임금 섬기기를 기꺼이 온 몸을 다 바쳐 하고, 벗과 사귀기를 일단 말을 하면 반드시 책임을 져 믿음을 주는 식으로 하는 사람이 있다면 그 사람이 비록 배우지 않았더라도 나는 빈드시 그 사람이 배웠다고 말할 것이다."5-4

이 중에서 '여색을 좋아하는 마음과 바꿔서 하고', '기꺼이 온 힘을 다하며', '기꺼이 온몸을 다 바쳐 하고', '반드시 책임을 져 믿음을 주는 식으로 하는' 등이 바로 문질에서 '문'이며 또한 열렬함[誠]에 해당한다. 내 경우 성(誠)을 그저 정성 정도가 아니라 열렬함으로 이해한다. 〈학이〉의 이 두 구절은 이미 질(質)과 문(文)을 알기 쉽게 설명해놓았던 것이다. 〈안연〉에는 문질의 문제를 더욱 상세하게 다룬다.

극자성(棘子成)이 말했다. "군자라면 바탕[質]만을 중시하면 되지 꾸밈[文]은 어디다 쓰겠는가?"
이에 자공이 말했다. "안타깝구나! 그대(夫子)의 말이 군자답기는 하나 말조심하는 게 좋을 듯하다. 꾸밈은 바탕과 같고 바탕은 꾸밈과 같으니 호랑이나 표범의 생가죽이 개나 양의 생가죽과 같은 것이다."5-5

위나라 대부 극자성은 노골적으로 '바탕'을 강조한다. 문질이라는 척도는 사람을 판단할 때뿐만 아니라 사물을 판단할 때도 핵심적인 역할을 한다. 예컨대 어짊[仁]이 바탕[質]이면 예악(禮樂)은 꾸밈[文]이 된다. 그리고 예(禮)만 놓고 볼 때는 정성스러운 마음이 바탕[質]이라면 격식은 꾸밈[文]이 된다. 공자는 사람이든 사물이든 문질(文質)이 골고루[彬彬] 갖추어져야 가장 바람직하다고 보았지만, 굳이 둘 중 하나를 선택하라면 조금은 '질'에 우선을 두는 입장이었다. 이 점을 보여주는 몇 가지 사례다. 특히 〈팔일〉에는 문보다 질을 중시하는 공자의 발언들이 다수 나온다.

———

공자는 말했다. "사람이 어질지 못한데 예를 행한들 무엇 할 것이며 사람이 어질지 못한데 음악을 행해서 무엇 할 것인가?"5-6

임방이 공자에게 예의 근본을 물었다. 공자는 그 질문이 훌륭하다고 칭찬한 다음 이렇게 말했다. "예제를 행할 때 사치스럽게 하기보다는 차라리 검박하게 하는 것이 낫고 상제를 행할 때도 형식적인 겉치레에 치우치느니 차라리 진심으로 슬퍼함이 낫다."5-7

자하가 물었다. "'예쁜 웃음에 보조개가 뚜렷하고 아름다운 눈에 눈동자가 선명하도다. 하얀 본바탕에 화려한 꾸밈이 가해져 더욱 빛나는구나!'라는 시는 무슨 뜻입니까?"

공자는 말했다. "그림 그리는 일은 흰 비단(素)을 마련한 후에 이루어진다."

자하가 말했다. "예가 (인이나 충신보다는) 뒤에 있겠군요."

공자는 말했다. "나를 흥기시키는 자는 자하이구나! 이제 비로소 너와 더불어 시를 논할 수 있겠다."5-8

우리가 살펴본 '문질'이라는 틀을 통해 살필 수 있는 구절들은 수없이 많다. 그만큼 사람을 알고, 사람을 부려 일을 하는 데 중요한 틀이다.

'밝음'은 일을 향한 출발점이다

과거 중국의 철학이나 역사책을 보면 '밝다' 혹은 '밝은'이라는 말을 자주 만나게 된다. 명군(明君)이 그렇고 사람을 표현할 때도 빼어나고 밝다[聖明], 굳세고 밝다[剛明] 등이 그런 것이다. 그런데 명군을 그냥 밝은 군자라고 옮겼을 때 그 안에 담긴 의미를 알 수 있는 사람은 많지 않다. 또 어떤 일을 밝게 본다고 할 때 도대체 어떻게 보는 것이 밝게 보는 것인지 이해가 쉽지 않다. 물론 성격이 밝은 것은 여기서 말하는 밝음의 문맥에 속하지 않음을 먼저 분명히 해둔다. 그동안 중국의 고전들을 많이 읽어보았지만 명(明)의 뜻 가운데 공자만큼 분명하면서도 현실적인 정의는 본 적이 없다.

〈안연〉에서 공자의 제자 중 가장 어리면서도 아주 명석한 자장(子張)이라는 제자가 공자에게 단도직입적으로 묻는다. "밝다[明]는 것이 무엇입니까?" 그에 대한 공자의 답은 명쾌하다.

"서서히 젖어드는 참소와 살갗을 파고드는 하소연이 행해지지 않는다면 그 정사는 밝다[明]고 이를 만하다. 그런 참소와 하소연이 행해지지 않는다면 멀다[遠]고 이를 만하다."5-9

참소(讒訴)란 아랫사람들 간의 중상모략과 음해다. 하소연[愬]이란 친족들의 애끓는 민원이다. 이미 알아차렸겠지만 공자는 자장의 질문을 받고서 일반론을 펼치는 것이 아니라, 분명하게 군주 혹은 권력자의 입장에서 갖춰야 할 밝음의 뜻을 풀어내고 있다.

자장은 특이하게도 밝음에 관해 질문을 던진다. 쉽지 않은 질문이다. 여기서 먼저 명(明)의 사전적인 뜻을 살펴보자. 명에는 참으로 많은 뜻이 있다. 밝다, 밝히다, 날새다, 나타나다, 명료하게 드러나다, 똑똑하다, 깨끗하다, 결백하다, 희다, 하얗다, 질서가 서다, 갖추어지다, 높이다, 숭상하다, 존중하다, 맹세하다, 밝게, 환하게, 확실하게, 이승, 현세, 나라이름, 낮, 주간(晝間), 밖, 겉, 밝고 환한 모양, 밝은 곳, 양지, 밝음, 빛, 광채, 새벽, 성(盛)한 모양 등이 그것이다. 여기서는 주로 공(公)적 의미로 쓰인다.

그러면 자장의 물음에 공자는 "서서히 젖어드는 참소와 살갗을 파고드는 하소연이 행해지지 않는다면 그 정사는 밝다[明]고

이를 만하다. 그런 참소와 하소연이 행해지지 않는다면 멀다[遠]고 이를 만하다"라고 답했다. 군주의 경우 신하들끼리 정적에 대한 교묘한 참소와 정당한 비판을 구별하기 어려우며 동시에 주변 친지의 애절한 민원과 간특한 청탁을 구별하기 또한 어렵다. 이는 옛날의 군주나 권력자뿐만 아니라 오늘날에도 조직을 운영하는 위치에 있는 사람이라면 누구나 마주치게 되는 문제다.

군주가 아무리 공명정대(公明正大)하려는 뜻을 가지고 있더라도 실제로 이 둘을 구분하지 못한다면 암군(暗君)이 될 가능성이 높다. 밝은 군주[明君], 혹은 밝은 정치[明政]의 길을 물은 것이다. 공자의 답은 이런 맥락에서 보아야 한다. 이는 군주뿐만 아니라 정사를 맡아 하는 사람이라면 다 경계해야 할 일이다. 어쩌면 자장 자신이 정치에 관심이 많아 밝은 정치에 관해 물었는지도 모른다. 이에 공자는 자장의 병폐를 꼭 집어서 답했다고 할 수 있다. 이른바 맞춤형 대답이었다. 주희도 "이 또한 반드시 자장의 결함을 염두에 두고서 말씀하였을 것이다"라고 풀이한다.

《논어》 전체를 통틀어 명(明)을 직접적으로 설명하는 유일한 장면이다. 따라서 적어도 유학의 범위에 속하는 다른 책들에 등장하는 명은 모두 이런 의미로 풀어야 한다.

자장은 진나라 사람으로 공자의 제자이며 이름은 사(師)이다. 공자로부터 "(매사에) 지나치다"는 평을 들었을 만큼 다소 극단적이고 편벽된 인물이었다. 아마도 공자보다 48세나 적었다고 하니 젊어서 보여준 병폐였을 것이다. 공자에게 자주 학문이나 앎의 문제보다는 대단히 현실적인 녹(祿)을 구하는 법을 물었던 장본인이기도 하다. 정치나 출세에 관심이 많은 인물로 보인다. 흥미롭게도 자장은 정치를 함에 있어 밝게 한다는 것이 무엇인지를 우리에게 전해주는 역할을 하고 있다. 앞서 본 구절이다. 자장이 벼슬자리를 구하는 법을 배우고 싶다고 하자 공자는 이렇게 말한다.

"많이 듣고서(듣되) 의심나는 것은 제쳐놓고 그 나머지 것들에 대해서만 신중하게 이야기한다면 허물이 적을 것이요, 많이 보고서 위태로운 것은 제쳐놓고 그 나머지를 신중하게 행한다면 후회가 적을 것이니, 말에 허물이 적으며 행실에 후회할 일이 적으면 벼슬자리는 절로 따라오게 될 것이다."

여기서 공자는 듣고 보는 것의 문제를 이야기하고 있다. 이 또한 밝음의 문제와 무관치 않아 보인다. 그렇다. 밝게 듣는 것[聰]과 밝게 보는 것[明]이 어떻게 하는 것인지를 너무나도 소상하게 풀어주고 있는 것이다. 이 총명의 문제는 다시 한 번 짚어보게 될 것이다.

그런데 〈계씨〉에서 공자는 군자가 어떤 일을 함에 있어 반드시 생각해야 할 아홉 가지[九思]를 열거하는데, 그중 가장 먼저 언급되는 것이 보는 것[視]과 듣는 것[聽]으로 이렇게 말한다. "(어떤

일을) 볼 때는 (눈) 밝음을 생각하고 들을 때는 (귀) 밝음을 생각해야
한다[視思明 聽思聰].”

이 정도면 명(明)에 대한 풀이는 충분할 것이다. 다만, 여기서
말하는 귀 밝음[聰]이란 정확히 무슨 뜻인가? 그것은 제대로 듣는
다는 말인데 이래가지고는 여전히 모호하다. 그것을 밝혀주는 실
마리는《맹자(孟子)》〈공손추 장구〉에 나온다.

———
(제자인) 공손추가 물었다.

“어떠해야 ‘말을 안다[知言]’고 할 수 있습니까?”

이에 맹자가 말했다.

“편벽된 말[詖辭]을 들었을 때 그것이 숨기고 있는 게 무엇인지를
알고, 방탕한 말[淫辭]을 들었을 때 그것이 어떤 함정에 빠져 있는
지를 알고, 간사한 말[邪辭]을 들었을 때 그것이 실상과 얼마나 괴
리되어 있는지를 알고, 둘러대며 회피하는 말[遁辭]을 들었을 때
그것이 얼마나 (논리적으로) 궁한지를 아는 것이다. (이 네 가지는 그
말하는 사람의) 마음에서 생겨나와 정사에 해를 끼치고 (그것이 정치
에 반영되어) 정치(나 정책)로 구현되어 (나라의) 일에 해를 끼치게 되
니 공자와 같은 위대한 인물이 다시 나오신다 해도 (말을 안다는 것
이 무엇인지에 대해서는) 반드시 내 견해를 따를 것이다.”

이 말을 풀이하기에 앞서 ‘말을 아는 것[知言]’을 매개로 해서

《논어》의 문맥 속으로 들어가보자. 워낙 중요한 문제이기 때문이다. 《논어》의 마지막 편 중에서도 마지막 장인 〈요왈〉 3에서 공자는 이렇게 말한다.

─────

> "명(命)을 알지 못하면 군자가 될 수 없고, 예를 알지 못하면 설 수 없고, 말을 알지 못하면 사람을 알 수 없다."5-10

세 구절 중에서 우리의 논의와 관련되는 것은 마지막 세 번째 구절이지만 앞의 두 구절도 어차피 논의하게 될 것이므로 함께 풀어보자.

《논어》 20편의 첫머리였던 〈학이〉만큼이나 중요한 이 마지막은 공자의 세 가지 말씀이 결론이 되고 있다. 윤돈(尹焞)은 말한다.

> "다음 세 가지를 안다면 군자의 일이 갖추어진 것이다. 제자들이 말씀을 기록하여 이 편을 마쳤으니, 어찌 깊은 뜻이 없겠는가. 배우는 자가 어려서부터 이 책을 읽었으나 늙어서 한마디 말씀도 쓸 만하다는 것을 알지 못한다면 성인(聖人)의 말씀을 업신여기는 자에 가깝지 않겠는가."

그만큼 이 장이 중요하다는 뜻이다.

첫째, 명(命)을 알지 못하면 군자가 될 수 없다.

정약용의 풀이를 보자. "명(命)은 하늘이 사람에게 부여한 것이니, 본성[性]이 다움[德]을 좋아하는 그것이 명(命)이며, 사생과 화복과 영욕 또한 명이 있다. 명을 알지 못하면 선을 즐기고 그 지위에 편안할 수 없다. 그러므로 군자가 될 수 없는 것이다."

평소에 아주 치밀한 해설을 보여주었던 정약용이었지만 여기서는 조금 추상적이다. 오히려 정이천(程伊川)의 풀이가 현실적이다. "명(命)을 안다는 것은 명이 있음을 알고서 믿는 것이다. 명을 알지 못하면, 해(害)를 보면 반드시 피하고 이익을 보면 반드시 따를 것이니 어떻게 군자가 될 수 있겠는가?"

둘째, 예(禮)를 알지 못하면 설 수 없다.

정약용의 풀이다. "예는 상하를 정하고 혐의(嫌疑)를 구분하는 것이니, 예를 알지 못하면 (예가 아닐 때) '보지 말고 듣지 말고 말하지 말고 움직이지 말고' 하는 것을 할 수 없다. 그러므로 그 몸을 세울 수 없는 것이다." 사람이 사람답게 서는 데 있어 예는 결정적이다.

셋째, 말을 알지 못하면 사람을 알 수 없다.

역시 정약용의 풀이다. "말을 안다는 것은 남의 말을 듣고서 그 심술의 사악하고 바른 것을 알게 됨을 이른다."

맹자의 '말을 아는 것[知言]'에 대한 언급이 이에 대한 정확한 풀이 역할을 하고 있다. 여기서도 마찬가지다. 말과 지인(知人)의 문제를 강조하면서 《논어》는 끝이 난다.

다시 우리의 문맥으로 돌아가자. 여기서 맹자는 말을 아는 것[知言]을 사람을 아는 것[知人]의 맥락에서 체계적으로 풀이하고 있다고 해도 과언이 아니다.

첫째, 맹자는 어떤 사람이 하는 편벽된 말[詖辭]을 들었을 때 그가 그 말 뒤에 숨기고 있는 것이 무엇인지를 알 수 있다면 말을 아는 것[知言]이라고 말한다. 피(詖)는 치우치다, 기울다, 편파적이다 등을 뜻한다. 어떤 사람이 의도적이든 아니든 치우친 이야기를 할 때 그것을 곧바로 알아차린다면 그 사람은 말을 알아차릴 줄 아는[知言] 사람이다.

둘째, 맹자는 어떤 사람이 하는 방탕한 말[淫辭]을 들었을 때 그것이 어떤 함정에 빠져 있는지[陷]를 알 수 있다면 말을 아는 것[知言]이라고 한다. 방탕한 말이란 어디에 흠뻑 빠져 있는 데서 나오는 것이다. 따라서 그 빠져 있는 곳이 어디인지를 분별해낸다면 방탕한 말에 현혹되는 일은 없다. 그래서 어떤 사람이 방탕한 말을 할 때 그 말이 어디에 흠뻑 빠져서 나온 것인지를 곧장 분별해낸다면 그 사람은 말을 아는[知言] 사람이다.

셋째, 맹자는 어떤 사람이 하는 간사한 말[邪辭]을 들었을 때 그것이 실상과 얼마나 괴리되어 있는지를 알 수 있다면 말을 아는 것[知言]이라고 한다. 간사한 말이란 무언가 그릇된 쪽으로 끌고 가려는 의도를 가진 말이다. 그 말은 실상에서 벗어나 있을 수밖에 없다. 그래서 어떤 사람이 간사한 말을 할 때 그 말이 실상에서 얼마나 벗어나 있는지를 정확히 분별해낸다면 그 사람은 말을 아는 [知言] 사람이다.

끝으로, 맹자는 어떤 사람의 둘러대며 회피하는 말[遁辭]을 들었을 때 그것이 얼마나 (논리적으로) 궁한지를 알 수 있다면 말을 아는 것[知言]이라고 한다. 회피하는 말이란 논리적으로 모순되는 것임에도 불구하고 이리저리 둘러대는 말이다. 그래서 어떤 사람이 회피하는 말을 할 때 그 말이 논리적으로 곤경에 처할 수밖에 없다는 것을 꿰뚫어보는 사람이 있다면 그 사람은 말을 아는[知言] 사람이다.

사람을 살피고 판단하는 문제와 관련해 정명도(程明道)는 매우 흥미로운 언급을 하고 있다.

"맹자의 지언(知言)은 바로 사람이 윗자리[堂上]에 있어야 바야흐로 자리 아래[堂下] 사람의 굽음과 곧음[曲直]을 구별할 수 있는 것과 같으니, 만일 자신이 아직도 자리 아래의 여러 사람 속에 섞여 있음을 면치 못한다면 굽음과 곧음을 분별할 수 없는 것과 같다."

이는 곧 사람을 알아보는 것[知人]은 일정한 지위에 오를 때에야 가능함을 말한다. 그런데 왜 명(明)을 밝히는 이유와 똑같은 이유로 멀다[遠]고 한 것일까? 여기에 대해 양시(楊時)는 이렇게 풀이한다.

"멀다는 것은 (눈) 밝음이 지극한 것이다. 《서경》의 태갑(太甲)

에 이르기를 '먼 곳을 본다는 것은 오직 밝음[視遠惟明]'이라고 했다."

당장의 이해관계보다는 '멀리 있는' 공적인 이익을 앞에 세우면서 사리사욕에서 나오는 것들을 제대로 물리칠 때 매사를 눈 밝게 보고 귀 밝게 들어 일을 바르게 처리할 수 있다는 것이다. 사(私)는 가깝고 공(公)은 멀다. 가까운 것[利]은 어둡고[暗] 먼 것[義]은 밝다[明]. 이처럼 공적인 도리[公道]로서의 멀다[遠]라는 뜻이 분명한 《논어》에서의 몇 가지 사례를 살펴보는 것으로 원(遠)에 대한 풀이를 마치겠다. 먼저 〈위령공〉 편을 보자.

———
공자가 말했다. "사람이 멀리 내다보는 생각[遠慮]이 없으면 반드시 가까운 데서 근심이 있다."5-11

멀리 내다본다는 것은 개인의 이익이 아니라 국가와 공의(公義)의 차원에서 문제를 바라본다는 뜻이다. 이는 〈이인〉에 나오는 공자의 말과 통한다.

———
"군자는 의리에 깨닫고 소인은 이익에 깨닫는다."5-12

즉, 의리[義]는 멀고 이익[利]은 가깝다. 〈자장〉의 원(遠)도 공(公)과 연관된다.

자하가 말했다. "비록 작은 도리라 하더라도 반드시 보아줄 만한 것이 있겠지만 원대함[遠]에 이르는 데 있어서 장애물이 될까 두렵다. 바로 이 때문에 군자는 하지 않는 것이다."5-13

원대함은 공의(公義)다. 석어도 이런 맥락에서 군자이고자 한다면 멀리까지 밝게 보는[遠明] 사람이 되어야 할 것이다. 이것이 첫 번째 다짐이다.

사족(蛇足) 한마디. 《논어》에서 학이시습(學而時習) 다음으로 유명한 구절은 바로 뒤에 이어지는 '유붕(有朋) 자원방래(自遠方來) 불역낙호(不亦樂乎)'다. 가장 흔한 번역은 '벗이 먼 곳에서 찾아오니 이 또한 즐겁지 아니한가?'이다. 좀 이상하지 않은가? 그러면 가까운 곳에 있는 벗이 찾아오면 즐겁지 않다는 말인가? 공자가 뭐가 할 일이 없어 가까운 곳의 친구는 별로이고 먼 곳에서 온 친구는 즐겁다는 말을 했겠는가? 이 코믹한 해석을 벗어날 수 있는 단서는 바로 원(遠)이다. 원의 반대는 근(近)이다. 다시 번역해보자.

"뜻을 같이 하는 벗이 있어 (먼 곳에 갔다가) 먼 곳으로부터 마침 돌아오니 참으로 즐겁지 아니한가?"

이때의 먼 곳이란 익숙하지 않은 곳, 사사로움에서 벗어난 공적인 도리 등을 뜻한다. 임금에게는 뜻을 같이 하는 벗이 있어 늘 가까이 하는 환관이나 후궁들이 아니라 전혀 다른 곳의 새로운 이야기, 귀에 거슬릴 수도 있는 이야기, 멀리 나라를 걱정하는 이야기 등을 듣고 와서 전해주기 때문에 진정으로 나라를 생각하는 군주라면 기뻐하지 않을 수 없다는 말이다. 지금 우리 학계의 《논어》 해석 수준은 빨리 개선될 필요가 있다.

말은 어눌하게, 일은 명민하게

공자의 손자인 자사(子思)가 지은 《중용》에도 '명(明)'이라는 한자 자체는 많이 등장하지만 지금 우리가 논의하는 눈 밝음으로서의 명은 사실상 딱 한 번, 31장의 다음과 같은 문장에서 만나게 된다. 먼저 그 문장부터 보고 나서 이야기를 시작할까 한다.

"오직 천하제일의 빼어난 임금만이 능히 귀 밝고 눈 밝고 사리에 밝고 사람에 밝아[聰明睿知] 족히 '제대로 된 다스림[臨]'이 있게 된다."

줄여서 말하자면 천하제일의 임금이 보여주는 최고의 리더십은 이 네 가지, 즉 '귀 밝고 눈 밝고 사리에 밝고 사람에 밝다[聰明睿知]'로 요약된다. 이번에도 역시 군주 혹은 리더의 입장에서 명(明)을 풀어내고 있다. 총과 명은 앞에서 충분히 보았다. 여기서는 예(睿)와 지(知)만 남았다.

우리가 종종 예지력이 있다고 말할 때 한자 예(睿) 혹은 예(叡)를 사용한다. 예(睿)의 사전적 의미를 보자. 슬기, 임금이나 성인의 언행, 슬기롭다, 총명하다, 총하다, 깊고 밝다, 사리에 밝다, 너그럽다 등등. 그중에서 우리는 '사리에 밝다'를 취한다. 그렇게 되면 지(知)는 자연스럽게 '사람을 알아보는 데 밝다'로 새길 수 있다. 총명예지(聰明睿知)는 각각 귀 밝고 눈 밝고 일에 밝고 사람에 밝다는 뜻이 되어 자연스럽게 제대로 된 통치(臨)와 결부된다. 그런데 이것을 '총명하고 예지롭다'로 번역하는 순간 원래의 의미로 들어갈 수 있는 길이 막혀버린다.

이제 예(睿)를 '일에 밝다'로 확정한다. 우리 논의의 큰 맥락에서 선비와 군자의 중요한 차이의 하나가 '일을 할 줄 아느냐'의 여부다. 일을 시작했으면 공을 이루어야 한다. 그것이 성공이다. 좋은 결과를 내지 못하면 그 일에 관한 어떤 호언장담이나 포부나 계획도 헛소리다. 따라서 일 잘하는 사람으로서의 군자를 정립함에 있어 예(睿)의 의미는 그만큼 중요하다고 할 수 있다.

예(睿)는 일에 밝다는 뜻이다. 그러면 우리의 질문은 "일에 밝다는 것이 무엇이냐?"로 바뀌어야 한다. 시킨 일을 잘하는 사람이 일에 밝은 것은 아니다. 예지력에 미래의 의미가 살짝 담겨 있듯이, 여기서도 일에 밝다는 것은 일을 하기에 앞서 사전에 잘 준비하는 능력을 말한다. 간단한 예를 들어보자.

대학 시절 MT를 가거나 모임에서 단체여행을 갈 때 그에 앞서 사전 답사를 보내게 되는데, 이럴 경우 어느 집단에서든지 일정한 유형의 사람이 지목을 받게 된다. 빈틈이 없어 만약의 사태에도 대비하고 사람들이 무엇을 원하는지 잘 알아서 그에 맞는 숙소와 프로그램을 마련하는 사람이 바로 그런 유형의 사람이다. 이런 사람이 바로 '일에 밝은[睿]' 사람, 요즘 자주 하는 말로 기획력이 뛰어난 사람이다.

이제 일[事]의 문제를 통해 '일에 밝다'의 구체적인 의미와 내용을 정해야 할 차례다. 다행히 《논어》에는 일과 관련해서 많은 언급들이 나오는데, 지금 우리의 문맥에서 결정적인 도움을 주는 것들이 있다. 먼저 〈학이〉에서 공자는 이렇게 말한다.

> "제후국을 다스릴 때라도 매사에 임할 때 삼감으로써 백성들의 믿음을 얻어내고[敬事而信], 재물을 쓸 때는 절도에 맞게 하여 사치를 멀리함으로써 백성들을 사랑해야 하며 (어쩔 수 없이), 백성들을 (공역 등에) 부려야 할 경우에는 때에 맞춰 (농사일을 하지 않는 농한기 때 시키도록) 해야 한다."

"매사에 임할 때 삼감으로써 백성들의 믿음을 얻어내라[敬事而信]"고 했다. 사전 답사자의 핵심 덕목은 바로 이 믿음이다. 믿음을 주지 못한 사람은 결코 사전 답사를 보내지 않을 것이다. 물론 경사라는 것이 그렇게 간단하기만 한 것은 아니다. 일을 삼간다는 것은 바로 일의 예측 불가능성을 잘 이해하고 사전에 그 같은 다양한 요소들에 조심스럽게 대비해야 한다는 말이다.

우리의 문맥에서 조금 더 구체적인 지침을 주는 발언이 역시 〈학이〉에 나온다.

_____
"(군자는) 일을 할 때는 명민하게 하고 말은 신중하게 하라."5-14

명민하게[敏] 하라는 말은 빨리 하라는 말이 아니다. 똑 부러지게 빈틈없이 하라는 말이다. 〈이인〉에서 공자는 비슷한 말을 던진다.

_____
"군자는 말은 어눌하게 하려 하고 행동은 명민하게 하고자 한다.
5-15"

누가 보더라도 앞에 나온 구절과 거의 같은 뜻이다. 즉, 여기서 행(行)은 도덕적 행실이 아니라 일을 위한 실천이다. 참고로 우리는 민(敏)이라는 말을 명민(明敏)이라고 할 때 자주 쓰고 있다는 점을 지적해둔다. 삼감[敬]이 이제 명민함[敏]으로 연결되어 풀어지고 있는 것이다. 〈술이〉에 결정적인 구절이 나온다. 앞에서 본 바 있다.

_____
공자가 제자 안연에게 말했다.
"(인재로) 써주면 행하고 버리면 숨어 지내는 것을 오직 너하고 나만이 갖고 있구나!"

이에 자로가 물었다. "만일 스승님께서 삼군을 통솔하신다면 누구와 함께하시겠습니까?"

공자는 말했다. "맨손으로 호랑이를 때려잡고 맨몸으로 강을 건너려고 하여 죽어도 후회할 줄 모르는 사람[暴虎憑河 死而無悔者]과 나는 함께할 수 없을 것이니, 반드시 일에 임하여서는 두려워하고 치밀한 전략과 전술을 세우기를 즐겨 하여 일을 성공으로 이끄는 사람[必也臨事而懼 好謀而成者]과 함께할 것이다."

여기서 우리는 일에 임하여 삼감이 없는 자[不敬]인 자로와 삼감이 있는 자[敬]인 안연(안회)의 극명한 대비를 통해 마침내 예(睿)의 정확한 의미에 이르렀다. 삼감[敬]이 명민함[敏]으로 풀어졌고 다시 여기서는 '두려워하고 치밀한 전략과 전술을 세우기를 즐겨 하여 일을 성공으로 이끄는 것[懼好謀而成者]'으로 구체화되었다. 이 것이 예(睿), 즉 일에 밝다의 정확한 의미다. 참고로 공자는 의로움을 앞세우는 자로에 대해 제 명에 죽지 못할 것이라는 말을 했고 실제로 자로는 비명횡사했다. 일을 알고 모르고는 적어도 옛날에는 목숨이 왔다 갔다 했던 중대한 사안이었다.

그러면 자로와 같은 사람, 즉 덜렁거리고 큰 소리를 앞세우는 사람을 공자는 뭐라고 이름 붙였을까? 다시 말해 예(睿)와 반대되는 사람은 어떤 사람일까? 〈옹야〉 첫머리에 그에 관한 답이 나온다.

공자가 말했다. "중궁◉은 군주의 자리를 능히 맡을 만하다."

중궁이 자상백자◉◉에 대하여 묻자 공자는 말했다.

"그의 대범 소탈함도 (군주의 자리를 맡기에) 괜찮다."

이에 중궁이 말했다.

"마음은 늘 경건하게 하면서[居敬] 행동은 대범 소탈하게 하여[行簡] 이로써 그 백성들을 대한다면 남면할 만한 자질이 있다고 할 수 있지 않겠습니까? (그런데) 마음을 대충대충 하면서[居簡] 행동도 대범 소탈하게 한다면[行簡] 그것은 지나치게 대범 소탈한 것[大簡] 이 아니겠습니까?"

공자가 말했다. "중궁의 말이 옳다."5-16

간(簡)은 좋은 의미에서는 대범 소탈함이고 나쁜 의미에서는 대충대충 하는 것이다. 이 짧은 글에서 두 가지 의미가 조금씩 변화를 보이며 다 사용되고 있다. 지나치게 대범 소탈하다는 것은 곧 대충대충 덜렁덜렁한다는 뜻이다. 자로다. 우리가 눈여겨보아야

◉ 춘추 시대 말기 노나라 사람. 이름은 염옹(冉雍)이다. 공자의 제자로서 공자와는 29살 차이가 난다. 염옹은 도량이 넓고 과묵하고 신중했으며 배움을 몸소 실천했다. 공자는 그의 능력을 잘 알았으므로 그가 군주의 자질을 갖추었고, 지방장관을 할 수 있다고 생각했으며 안연, 민자건, 염백우와 함께 덕행(德行)의 으뜸 제자로 꼽았다.

◉◉ 《논어》와 《설원》의 등장인물로 공자의 친구로 추정된다. 여기서는 공자가 중궁이 군주를 맡을 만하다고 말하자 도리어 겁을 먹고 본인과 비슷한 자상백자의 이야기를 꺼낸 것이다.

할 것은 경(敬)과 간(簡)이 대비적으로 사용된다는 말이다. 일을 앞 둔 사람의 마음은 무조건 경(敬)이어야지, 간(簡)이어서는 안 된다.

　이제 지(知), 즉 사람에 밝다는 것을 알아볼 차례다. 《맹자》라 는 책이 인의(仁義)를 중심축으로 삼고 있다면 《논어》는 한마디로 인지(仁知)를 양대 축으로 삼고 있는 책이다. 그럼에도 아직 《논어》 의 이 같은 본질적 특성이 제대로 이해되고 있지 않은 점은 때로 는 불가사의할 때가 있다. 인지(仁知)의 문제에서 접근해 들어가보 자. 〈안연〉이다.

　번지가 먼저 어질다는 것[仁]이 무엇이냐고 묻자 공자는 "사 람을 사랑하는 것[愛人]"이라고 답한다. 이어 안다는 것[知]은 무엇 이냐고 묻자 "사람을 볼 줄 아는 것[知人]"이라고 말한다. 그런데 번지가 이 말을 미처 이해하지 못하자 공자는 말했다. "곧은 사람 을 들어 쓰고 모든 굽은 사람은 제자리에 두면 굽은 자로 하여금 곧아지게 할 수 있다."

　번지는 공자 앞을 물러나와 자하를 찾아가 물었다. "지난번 에 내가 부자를 뵙고서 안다는 것[知]이 무엇인지 묻자 부자께서는 '곧은 사람을 들어 쓰고 모든 굽은 사람은 제 자리에 두면, 굽은 자 로 하여금 곧아지게 할 수 있다'고 하셨다. 무엇을 말함인가?"

　자하는 이미 공자의 말뜻을 알아차렸다는 듯이 "풍부하도다! 그 말씀이여!"라고 말한 다음 구체적인 사례를 들어 번지의 궁금증을 풀어준다.

———

"순 임금이 천하를 소유함에 여러 사람 중에서 선발하여 고요(皐
陶)를 들어 쓰시니 어질지 못한 자들이 멀리 사라졌고, 탕 임금이
천하를 소유함에 여러 사람 중에서 신발하여 이윤(伊尹)을 들어 쓰
시니 어질지 못한 자들이 멀리 사라졌다."

공자 자신이 이미 인지(仁知)가 나란히 있을 때 지(知)는 "사람
을 볼 줄 아는 것[知人]"이라고 명확하게 정의하고 있다. 그런데도
여전히 지식이니 지혜니 하면서 문제의 본질을 포착하지 못하면
곤란하다.

이제 총명예지(聰明睿知) 각각의 의미는 충분히 이해되었을 것
이다. 이런 총명예지를 갖출 때 군자라 할 것이다. 반드시 통치자
가 아니어도 상관없다. 현대 사회에서 개인은 각자가 자신의 통치
자이기 때문이다. 총명예지를 갖춘다는 것이야말로 일을 잘하는
표본으로 삼을 만한 것이다.

사보다 공을 우선하는 것

《대학》은 간단히 말하면 3강령과 8조목으로 구성된 유학 리
더십의 골격과도 같은 책이다.

우선 3강령은 대학지도 재명명덕 재친민 재지어지선(大學之

道 在明明德 在親民 在止於至善)이다. 즉, "남을 다스리는 자가 되기 위해 (반드시) 배워야 하는 (세 단계) 길은, 첫째 (내 몸에) 공적인 다음을 갈고 닦는 데 있고, 둘째 백성들을 내 몸과 같이 여기는 데 있고, 셋째 가장 바람직한 상태에서 오랫동안 머물러 있는 데 있다"는 뜻이다.

8조목은 물격이후지지 지지이후의성 의성이후심정 심정이후신수 신수이후가제 가제이후국치 국치이후천하평(物格而後知至 知至而後意誠 意誠而後心正 心正而後身修 身修而後家齊 家齊而後國治 國治而後天下平)으로, "사물이나 일의 이치를 깨우친 후에야 앎이 지극해지고, 앎이 지극해진 후에야 뜻이 성실해지고, 뜻이 성실해진 후에야 마음이 바로 잡히고, 마음이 바로 잡힌 후에야 몸이 닦이고, 몸이 닦인 후에야 집안이 가지런해지고, 집안이 가지런해진 후에야 나라가 제대로 다스려지고, 나라가 제대로 다스려진 후에야 천하를 평정할 수 있다"는 뜻이다. 8조목은 3강령을 기반으로 해서 그 위에 얹혀 있다.

앞서 자장의 질문에 공자가 답했을 때 명(明)이 곧 공(公)임을 알 수 있었을 것이다. 공명정대(公明正大)는 사실상 같은 뜻을 가진 한자어로 이루어진 것이다. 공(公)이 명(明)이고 정(正)이고 대(大)이다. 이에 짝을 이루는 것이 사암사소(私暗邪小)이다. 공(公)의 반대가 사(私)이고 명(明)의 반대가 암(暗)이고 정(正)의 반대가 사(邪)이고 대(大)의 반대가 소(小)이다.

3강령의 첫 강령은 재명명덕(在明明德), 즉 첫째 (내 몸에) 공적인 다움을 갈고 닦는 데 있다는 것이다. 재(在)/명(明)/명덕(明德). 먼저 전통적 해석으로 풀어보면 '(대학의 길은 첫째로) 밝은 덕[明德]을 밝히는 데[明] 있다[在]'는 것이다. 먼저 나오는 명(明), 즉 밝힌다는 것은 동사이며 닦는나[修]나 높인다[崇]와 통한다. 따라서 명덕을 밝힌다는 것[明明德]은 (내 안의) 명덕을 닦는다[修明德] 혹은 (내 안에서) 명덕을 높인다[崇明德]는 것이다. 그러면 《논어》에 등장하는 '덕을 높이다[崇德]'를 단서로 해서 동사 '밝히다[明]'의 의미를 풀어보자. 먼저 〈안연〉에서 공자의 제자 자장이 '덕을 높이다[崇德]'의 의미를 묻자 공자는 이렇게 답한다.

"충(忠)과 신(信)을 주로 함으로써 (사욕으로부터) 의로움으로 옮겨가는 것[徙=遷]이 숭덕이다."5-17

즉, 스스로에게 진심을 다하고[忠] 타인과의 관계에서 말을 하면 반드시 지킴으로써 믿음을 주어[信] 사욕으로부터 벗어나 내면의 올바름을 외적으로 옮겨가는 것, 이행하는 것[徙=遷]이 다움[德]을 높여가는 것이라는 뜻이다. 사에서 공으로 나아감을 통해 스스로의 마음가짐을 수양하는 것이다. 즉, 숭덕이라고 해서 덕을 (머릿속에서만) 받들어 모시는 것이 아니라 차근차근 실행함으로써 내 몸에 쌓아가는 것을 뜻한다. 〈안연〉에서는 제자 번지(樊遲)가 같은 질문을 던지자 공자는 이렇게 답한다.

―――

"일을 먼저 하고 이득은 뒤로 하는 것[先事後得]이 덕을 높이는 것 아니겠는가?"**5-18**

즉, 선공후사(先公後私)의 정신이 몸에 배도록 애쓰는 것이 바로 덕을 높이는 것이다. '밝히다[明]'는 바로 이런 의미에서의 '높이다[崇]'와 뜻이 정확하게 통한다. '밝은 덕'이라고 할 때의 '밝은[明]'은 곧 눈 밝음이므로 앞에서 자장의 질문에 대한 공자의 답변을 통해 살펴본 바 있다. 사사로운 이익보다 공적인 일을 우선시하는 마음이다.

군자가 사람을 살피는 법

송나라 유학자 진덕수는 《대학연의(大學衍義)》에서 사람을 살피는 법[知人之鑑=觀人之法]을 다음과 같이 정리하고 있다. 여기에는 경서(經書)의 인용과 그에 관한 자신의 풀이가 붙어 있다. 무엇보다 중요한 것은 온갖 경서들 중에 그가 '사람 보는 법'과 관련해 핵심적인 구절들을 엄밀하게 선정했다는 사실이다. 조금 길기는 하지만 이보다 나은 내용을 찾을 수 없어 관련된 경서와 그에 관한 진덕수의 풀이를 그대로 옮긴다. 여기서 진덕수는 직접 황제를 향해 이 글을 쓴 것이기 때문에 임금을 대상으로 말하고 있지만, 리더가 되고자 한다면 누구나 알아야 할 '사람 보는 법'이라고 할 수 있다.

_____

【《서경》, 〈고요모(皐陶謨)〉 편】

고요가 말했다. "훌륭하십니다. (임금다움을 제대로 실천하는 것은) 사람을 제대로 볼 줄 아는 것[知人]과 백성을 편안하게 해주는 것[安民]에 달려 있습니다."

이에 우 임금이 말했다. "아! 네 말이 옳다. 그러나 요 임금조차 아마 그 두 가지를 제대로 실천한다는 것을 어렵다고 여기신 듯하다. 사람을 제대로 볼 줄 알면 명철하여 사람들에게 그 능력에 맞는 적절한 관직을 주고, 백성을 편안하게 해주면 (그것은 곧 백성에게) 은혜를 베푸는 것이니 백성이 모두 임금을 존경할 것이다. (이처럼) 임금이 아주 명철하고 은혜로우면 어찌 환두(驩兜)◉ 같은 (악한) 자를 걱정할 것이고, 어찌 유묘(有苗) 같은 (어리석은) 자를 유배 보낼 것이며, 어찌 교언영색한 공임(孔壬) 같은 (간사스러운) 자를 두려워하겠는가?"

고요가 말했다. "훌륭하십니다. 행실에는 모두 아홉 가지 다움[九德]이 있습니다. 어떤 사람이 가진 덕을 총괄해서 말할 때 이는 곧 그 사람이 구체적으로 어떠어떠한 일을 행하였다고 말하는 것입니다."

◉   옛 중국 요 임금 시대에 공공(共工), 삼묘(三苗), 곤(鯀)과 더불어 사흉(四凶)으로 손꼽히는 인물이다.

우 임금이 물었다. "그 아홉 가지라는 것이 무엇이냐?"

이에 고요가 답했다. "너그러우면서 엄정하고[寬而栗], 부드러우면서 꼿꼿하고[柔而立], 삼가면서 공손히 하고[愿而恭], 다스리는 능력이 뛰어나면서 경외하는 마음을 잃지 않고[亂而敬], 순하면서 과단성이 있고[擾而毅], 곧으면서 온화하고[直而溫], 털털하면서 예리하고[簡而廉], 굳세면서 독실하고[剛而塞], 힘이 세면서 의리에 맞게 행동하는 것[彊而義]입니다. 이 같은 다움이 오랫동안 이어지는 사람을 드러내어 쓴다면 길할 것입니다."

또 고요가 말했다. "날마다 세 가지 다움을 펴서 밤낮없이 자기 집안을 밝게 다스리시고 날마다 여섯 가지 다움을 삼가 빈틈없이 공경하고 받들어 자기 나라를 공정하게 다스리셔야 합니다. 그리고 여러 분야에서 널리 인재를 구하여 받아들이시고 적재적소에 그에 맞는 인재들을 나누어 배치하여 백성을 향한 올바른 정책을 베풀도록 하셔야 합니다. 이렇게 하면 아홉 가지 다움 중에서 한두 가지라도 갖춘 사람들이 모두 공직에 종사하게 되어 재주와 지혜가 빼어난 인물들이 자리에 있게 되고, 모든 관리들이 서로를 스승으로 삼을 것이며 모든 장인들이 때에 맞춰 세상의 순리를 따르니 모든 공업(功業)이 마침내 이루어지게 될 것입니다."

"신이 가만히 살펴보겠습니다. 고요는 요 임금께서 사람을 볼 줄 알고[知人] 백성을 편안하게 해준 것[安民]을 요체로 하는 대책을 말했습니다. 이에 우 임금께서는 이 두 가지는 요 임금께서도 오히려 제대로 실천하는 것이 어렵다고 하신 점을 언급했습니다.

무릇 사람을 안다는 것은 앎의 일[智之事]이고 백성을 편안하게 해주는 것은 어짊의 일[仁之事]입니다. (임금이) 사람을 제대로 볼 줄 알면 관리들은 마땅한 자리를 얻게 되고, 백성을 편안하게 해주면 백성은 그 은혜를 입게 됩니다. 만일 사람을 볼 줄 알고 백성을 편안하게 하는 이 두 가지를 겸비하여 극진히 하게 되면 비록 (조정에) 간사한 소인들이 있더라도 두려워할 것이 전혀 없습니다.

일반적으로 간사함이 일에 해악을 끼치게 되는 것은 임금 된 자가 그 사람이 간사하다는 것을 알지 못하기 때문입니다. 만일 진실로 그것을 잘 안다면 환도와 유묘, 공공은 유배를 가지 않았을 것이고 그들이 어찌 그 악함을 마음대로 행사할 수 있었겠습니까? 그래서 요 임금도 그 (두 가지의) 어려움을 깊이 탄식했던 것이고 감히 쉽게 여기지 못했던 것입니다.

고요는 말하기를 사람을 아는 것이 진실로 쉬운 일은 아니지만, 그럼에도 그것은 다움[德]으로써 그것을 추구하는 것일 뿐이라고 했습니다. 다움이 있으면[有德] 군자가 되고, 다움이 갖추어지지 못하면 소인이 되는 것입니다. 이것이 바로 사람을 아는 것의 핵심 요체입니다.

(또) 사람의 행실에는 모두 아홉 가지 다움이 있다고 합니다. 우리가 어떤 사람이 다움을 갖고 있다고 말할 때 이는 반드시 그 사람

이 일을 행하는 것[行事]이 어떠한지를 살피는 것입니다.

무릇 다움이라는 것은 일의 근본이고 일이라는 것은 다움이 베풀어진 것일 뿐입니다. 그래서 많은 사람들은 "다움은 있는데 일은 제대로 하지 못한다"고 말하지만 그렇게 되면 다움이라는 것은 실로 허망한 말일 뿐입니다. 이 또한 바로 사람을 아는 것의 핵심 요체입니다.

'너그러우면서 엄정함[寬而栗]'부터 그 이하 아홉 가지 다움[九德]이 어떤 때는 굳셈[剛]으로 부드러움[柔]을 보완하고 어떤 때는 부드러움으로 굳셈을 보완하는 식으로 혼연일체가 되어 어느 하나 버릴 것이 없게 된 후에야 다움이 이루어지고, 또 그러한 다움이 이루어졌는지 여부와 그 사람의 능력의 우열을 판단할 수 있습니다. 이 또한 바로 사람을 아는 것의 핵심 요체입니다.

선배 유학자는 말하기를 너그러움부터 강함까지 앞쪽의 것은 모두 (하늘로부터) 부여받은 성품이고 엄정함에서 의리에 맞춤까지 뒤쪽의 것은 곧 배우고 묻는[學問] 공력이라고 했습니다.[⊙] 이 설이 맞다면 다움을 갖춘 사람은 또 오래 지속함[常=久=恒=長]과 변하지 않음을 귀하게 여겨야 합니다. 만약에 잠시 동안만 힘쓰고 오랫동안 그것을 유지하지 못한다면 이는 진실로 다움이 있다고 말하기에 부족할 것입니다.

그래서 공자도 "사람으로서 오래가는 마음[恒=恒心]이 없으면 점

⊙　여기서 앞뒤란 구덕을 이루는 ○而○의 앞뒤 자를 말한다

이나 의술로도 고칠 수 없다(《논어》〈자로〉편)"고 말한 것이니 만일 임금이 제대로 오래 지속하는 마음을 가진 선비를 드러내어 쓴다면[顯用] 이는 나라에 큰 복이 될 것입니다. 그래서 고요는 말하기를 "이 같은 다움이 오랫동안 지속되는 사람을 드러내어 쓴다면 길할 것입니다[彰厥有常吉哉]"라고 했던 것입니다. 오래 지속함[常=恒=久]이 있는지 없는지를 사람 보는 척도로 삼을 경우, 오래 지속하는 자는 군자요 오래 지속할 수 없는 자는 소인이 되는 것이니 이 또한 바로 사람을 아는 것의 핵심 요체입니다.

그렇지만 사람이 아홉 가지 다움을 갖추려고 나아가더라도 그 아홉 가지를 모두 갖출 수는 없고, 혹 그중 세 개를 혹 그중 여섯 개를 가진 사람이 있을 수 있습니다. 그래서 오직 임금만이 사람을 잘 씀으로써 세 개의 다움을 가진 자를 날마다 더욱 펴주어서 침체함이 없게 해준다면, 그 사람은 아침저녁으로 엄히 자기와 남을 다스리게 되어 대부의 직책을 맡아서 빛나고 밝게[光明] 해낼 수 있을 것입니다.

또 여섯 개 다움을 가진 자를 날마다 더욱 엄정하고 삼가게 만들어 매사를 소홀히 하거나 거만하게 처리하지 않도록 해준다면, 그 사람은 매사 엄밀하고 밝아져 제후의 직책을 맡아서 두루 막힘이 없이 해낼 수 있을 것입니다.

세상에 아무런 재주도 타고나지 않은 사람은 없으니 윗사람이 담금질하고 갈아줌으로써[淬礪=淬勵] 그를 일으켜준다면 아랫사람 역시 정신을 깨끗이 씻어냄으로써[澡雪] 그에 응할 것입니다. 만일 아랫사람이 그리하지 않는다면 그의 정신은 퇴락하고 혼탁해질 것이니 어찌 빼어나고 밝으며 맑고 깨끗한 기상을 가질 수 있겠습니까?

그리고 세 개의 다움을 가진 사람은 대부가 될 수 있고, 여섯 개의 다움을 가진 사람은 제후가 될 수 있다고 한 것은 대체적으로 그러하다는 말이지, 반드시 그 숫자에 구애된다는 것은 아닙니다. 천자야말로 한 시대에 인재를 길러내는 최고의 책임자[宗主]입니다. 아홉 가지 다움 중에서 만일 한 개만 가졌다 하더라도 본인이 (내용과 성질이 다른 것들을) 전부 받아들여 아울러 보존하고[兼收並蓄] 잘 나누어 넓게 펴고 사람들이 가진 각각의 장점을 잘 따르면서 일에 적합하게 그것을 베푼다면 백관은 모두 현능해질 것입니다. 이 점을 서로 보고 배우며 백공은 모두 잘 다스려져서 그 일마다의 마땅한 때[時]를 잃는 일이 없을 것입니다.

무릇 오신(五辰)*은 하늘에 있다고 했는데, 이 말은 곧 하늘과 사람이 하나의 근본을 가지고 있다는 뜻입니다. 그래서 사람의 일[人事]이 순조로우면 하늘의 도리[天道]도 순조롭습니다. 엉겨 굳음[凝응]이라는 것은 덩어리를 이루어 단단하게 오래가는 것[凝定堅久]을 말합니다. 공을 이루는 것[成功]이 어려운 것이 아니라, 단단하게 오래가는 것[堅久]이 어렵습니다. 그래서 수많은 현능한 인재들을

⊙　　봄, 여름, 가을, 겨울의 사시(四時)와 그때마다의 땅의 쓰임[所用]을 가리킨다.

다 써서 수많은 자리가 제대로 갖추어졌을 때라야 그 공이 단단하게 오래갈 수 있는 것입니다.

아홉 가지 다움[九經]이라는 말은 고요(皐陶)로부터 처음 시작되었고, 그 후에 주공(周公)이 성왕에게 고한 것도 성왕이 그 취지를 정확히 알고서 아홉 가시 나움의 행실을 성심성의를 다해 따르기를 바랐기 때문입니다.

대부분 옛날에 사람을 논했던 경우에는 반드시 다움이 있는지[有德] 여부를 귀하게 여겼는데, 후세의 임금들은 혹 재능(만)으로 사람을 취하고 여러 가지 다움과 행실[德行]은 중요하게 생각지 않습니다. 그러다 보니 재주만 있고 다움은 없는 소인들이 자기를 팔아서[自售] 자리를 차지하니 일을 망치지 않는 것이 거의 없게 되는 것입니다. (그렇기 때문에) 고요의 말은 진실로 만세에 이어져야 할 '사람 보는 법[知人之法]'이라 하겠습니다.”

【《논어》 〈위정〉 편】

공자는 말했다. “(사람을 알고자 한다면) 먼저 그 사람이 행하는 바[所以=所爲=所行]를 잘 보고[視], 이어 그렇게 하는 까닭이나 이유[所由=所從]를 잘 살피며[觀], 그 사람이 편안해하는 것[所安=所存]을 꼼꼼히 들여다본다면[察] 사람들이 어찌 그 자신을 숨기겠는가?”

“신이 가만히 살펴보겠습니다. 이것은 성인의 문하[聖門]에서 사람을 살펴보는 법[觀人之法]입니다. 대개 사람이 행하는 바는 다 뜻하지 않게[偶] 좋은 것[善者]과 맞아떨어지는 경우가 있으니 반드시 그 사람이 의리를 위해 그렇게 한 것인지, 이익을 위해 그렇게 한 것인지를 잘 살펴보아야[觀] 합니다. 만약 그 본 마음이 실제로 의리에 있었다면 그 좋음은 진실함[誠]에서 나온 것이니 좋다[善]고 할 수 있습니다. (그러나) 만약 그 본 마음이 실제로 이익에 있었다면 그 (뜻하지 않은) 좋음은 진실함에서 나온 것이 아니니 어찌 좋다고 할 수 있겠습니까? 그런데 그 따르는 바[所從=所由]가 좋다고 해도 그 마음이 편안해하는 바[所安]가 아니라면 진실로 아직은 능히 편안해한다고 할 수 없을 것입니다.

왜냐하면 (지금은 안 그런 것 같지만) 부귀를 갖게 될 경우 황음(荒淫)에 빠질 수 있고, 빈천해질 경우 나쁜 마음을 품을 수 있고, (당당한 듯해 보이지만) 위압과 무력 앞에서 굴종할 수도 있으니 늘 변하지 않는 마음을 계속 지켜내지 못할 수도 있기 때문입니다.

그러면 어떻게 해야 '편안해한다[安]'고 말할 수 있겠습니까? (그것은) 물의 차가움이나 불의 뜨거움처럼 스스로 그러해서[自然] 바꿀 수 없어야 하며, 음식(을 안 먹었을 때)의 배고픔이나 물(을 안 마셨을 때)의 갈증처럼 반드시 그러해서 내버릴 수 없어야 합니다. 모름지기 그런 연후라야 그것을 일러 '편안해한다[安]'고 할 수 있을 것입니다.

무릇 공자의 탁월함[聖]으로 사람을 볼 때에도 잘 보는 것[視]만으로 모자라면 다시 잘 살폈고, 잘 살피는 것[觀]으로 모자라면 다시 꼼꼼히 들여다보았습니다[察]. 그런 다음에도 사람의 진실됨과 거짓됨은 여전히 다 드러나지 않을 수 있는데, 하물며 그 탁월함이 공자에 미치지 못하는 사람들이 사람을 안다는 것[知人]이 쉬울 수 있겠습니까?

그럼에도 불구하고 잘 보는 것[視], 잘 살피는 것[觀], 꼼꼼히 들여다보는 것[察]은 다 나에게서 시작되어 나오는 것입니다. 만약에 나의 마음이 공적이고 사사로움이 없는 데[公而無私]에 다다르지 못하고, 또 밝고 혹하지 않는 데[明而不惑]에 이르지 못한다면 다른 사람의 마음이 그릇된 것인지를 어찌 볼 수 있겠습니까? 특히 임금의 경우에는 그 한 몸으로 백관을 비추이며 다스리고 있어 거기에는 바름과 사특함[正邪], 진실함과 거짓됨[忠佞]이 본인 앞에서 뒤섞여 있을 테니 어찌 쉽게 판별할 수 있겠습니까?

반드시 임금이 깨끗한 거울이나 고요한 물처럼 맑아져서 아랫사람이나 일들에 임할 때에도 그 밑바탕을 꿰뚫어 볼 수 있게 된 이후에야 사람들이 어디에 기대어 행동하는지를 훤히 알 수 있게 될 것입니다. 이 또한 임금이 마땅히 알아야 할 것이라고 하겠습니다."

【《논어》〈이인〉 편】

공자는 말했다. "사람의 허물은 각기 그 유형대로 드러나니, 그 사람의 허물을 잘 들여다보면 그 사람이 어진지 아닌지를 알 수 있다."

"신이 가만히 살펴보겠습니다. 이 또한 성인의 문하[聖門]에서 사람을 살펴보는 법[觀人之法]입니다. 선배 유학자는 사람됨의 허물[過]은 그 유형에 따라 다르다고 말합니다. 군자는 늘 두터이 하다가[厚] 잘못을 저지르고[失] 소인은 늘 엷어서[薄] 잘못을 저지릅니다. 군자는 사람을 사랑하다가 허물을 짓고 소인은 쌀쌀맞게 하다가[忍] 허물을 짓습니다. 이를 바탕으로 잘 살펴보면 어떤 사람이 어진지 어떤 사람이 어질지 못한지를 알 수 있습니다. 만약에 임금 된 자가 특히 신하의 허물을 보게 되었을 때 그 마음을 살펴보니 임금을 아끼는 마음에서 지극한 간언[極諫]을 하느라 그 말에 다소 지나치게 들추어낸 바[狂訐]가 없지 않다 하더라도 그 마음 씀[用心]이 어질지 않아서이겠습니까? 이럴 경우에는 그 어진 부분만 받아들이시고 허물 부분은 눈감아주시는 것[略]이 좋을 것입니다.
또 그 마음을 살펴보았을 때 백성을 사랑하는 마음에서 임금의 명을 어길 경우, 곧고자 하는 욕심에 자신을 내세우려는 바[矯拂]가 없지 않다 하더라도 그 마음 씀[用心]이 어질지 않아서이겠습니까? 이럴 때라면 그 어진 부분만 받아들이시고 허물 부분은 눈감아주시는 것[略]이 좋을 것입니다.
(반면에) 간교하고 사특한 신하는 덮어서 가리는 기술이 정교하니 반드시 아직 허물을 짓지 않았다 하더라도 그 마음이야 어떻겠습

니까? 이것은 다 사람을 살피는 하나의 단서이니 이처럼 유형에 따라 잘 살펴보면 그렇지 않은 것이 없을 것입니다."

【《논어》〈공야장〉 편】

공자는 말했다. "내가 원래는 사람에 대하여 그의 말을 듣고 그의 행실을 믿었는데, 지금 나는 사람에 대하여 그의 말을 듣고 다시 그의 행실을 살펴보게 되었으니, 나는 재여(宰子)로 인해 이렇게 고치게 되었다."

"신이 가만히 살펴보겠습니다. 이 일은 재여의 낮잠으로 인해 (화가 나서) 말씀하신 것입니다.

재여의 사람됨은 말을 잘하지만 행실은 뒤따르지 않았습니다. 그래서 공자께서 말씀하시기를 원래는 사람들의 말을 듣게 되면 곧바로 (의심 없이) 그 사람의 행실을 믿었는데, 지금은 사람들이 하는 말을 들으면 반드시 그 사람의 행실부터 살펴보게 되었습니다. 무릇 재여로 인해 공자께서 이런 허물을 고치게 되었다는 것입니다. 《공자가어(孔子家語)》에서도 공자는 말합니다.

"말로써 사람을 취했다가 재여를 잃었다."

무릇 공자는 문하의 뛰어난 제자들[高弟]과 아침저녁으로 늘 함께 있었기 때문에 그들이 바른지 그른지[正邪], 현능한지 그렇지 못한지[賢否] 등을 어찌 능히 꿰뚫어 보지 못했겠습니까? 그런데도 반드시 그 행실을 본 이후에야 그 사람이 진실된지 거짓된지를 알수 있었습니다. 하물며 임금은 존귀해서 신하와 접한다는 것이 정해진 시간이 있기 때문에 한 번의 응대만으로 그 신하의 마음 씀씀이[心術]를 살펴 알아낸다는 것이 진실로 어렵지 않겠습니까? 그래서 "(제후들이) 낱낱이 아뢰기를 (반드시) 말로써 하도록 하고 공정하게 평가하기를 (반드시) 공적으로 하라[敷奏以言 明試(必)以功]"⊙는것은 요순(堯舜) 이래 바뀌지 않는 법이었던 것입니다.

【《시경》 소아(小雅)에 실린 시 '교언(巧言)'에서】

'생황[簧]과 같은 정교한 말[巧言]'이라고 한 것은 시인이 말의 그 같은 점을 풍자한 것이고, 말 잘하는 입이 나라를 뒤집는 것[利口覆邦]은 공자가 미워했던 것이니⊙⊙ 말 잘하는 사람[有言者]이 반드시 (그에 걸맞은) 다움을 갖고 있는 것은 아닙니다. (오히려 말을 할 때마다) 거짓을 일삼는 사람은 한마디로 어짊[仁]을 모르는 사람이라 하겠습니다.

그래서 한나라 문제(文帝)는 호랑이 기르는 곳 호권의 색부(嗇夫, 관리인)가 자신의 고유 업무에 대해 기다렸다는 듯이 소상하게 말하

⊙   《서경》 〈순전(舜典)〉에 나오는 순 임금의 말이다. 괄호 안의 '필(必)'은 진덕수가 인용하면서 추가한 것이다.

⊙⊙ 《논어》 〈양화(陽貨) 17〉에 나오는 공자의 말이다. "자색이 붉은색을 빼앗는 것을 미워하고 정나라 음악이 아악을 어지럽히는 것을 미워하며 말만 잘하는 입이 나라를 뒤집는 것을 미워한다."

자 그를 상림령(上林令)으로 삼았던 적이 있습니다. 이에 장석지(張釋之)가 간언을 올렸습니다.

"강후(絳侯, 주발)와 동양후(東陽侯, 장상여)는 어른[長者]으로 불리는 사람인데⊙ 이 두 사람은 일을 말하면서 일찍이 입에서 말을 꺼내지 못했습니다. 그런데 어찌 이 색부가 입에 발린 말[利口]을 재빨리 했다고 해서 그것을 본받으라고 하십니까? 지금 그것은 말재주를 갖고서 서열을 뛰어넘어 올려주려고 하신 것입니다. (신은) 이리 된다면 천하가 풍문만을 쫓아다닐까 봐 걱정입니다."

문제는 마침내 색부를 특진시키려던 계획을 중지시켰습니다. 이런 때를 당하여 장상과 대신들은 하나같이 꾸미기보다는 내실을 중시했고[少文多質], 국사를 의논할 때는 진실하고 두터이 하는 데[忠厚] 힘썼고, 남들의 과실을 입에 담는 것을 부끄럽게 여겼으니 곧 세상의 풍속도 돈후하게 바뀌었습니다.

반면 그 후에 한나라 무제(武帝)는 강충(江充)을, 당나라 문종(文宗)은 이훈(李訓)을 둘 다 응대하는 것이 민첩하다는 이유로 총애를 하는 바람에 각각 무고와 감로의 화를 입어 거의 나라를 망하게 할 뻔했습니다. 따라서 재여의 일을 언급하여 말을 듣게 되면 반드시 행실을 살피게 되는 교훈은 결코 바뀌어서는 안 될 것입니다."

⊙ 　이 말을 하기 직전에 장석지가 문제에게 강후와 동양후는 어떤 사람이냐고 묻자 문제가 각각 어른이라고 답한 바 있다.

【《논어》〈옹야〉 편】

자유(子游)가 노나라의 무성이라는 읍을 다스리는 읍재가 되었다. 이에 공자는 자유에게 너는 사람을 얻었느냐고 묻는다. 자유는 이렇게 답한다.

"담대멸명(澹臺滅明)이라는 자가 있는데 길을 다닐 때 지름길로 다니지 않고 또 공무◉가 아니면 한 번도 우리 집에 온 적이 없습니다."

"신이 가만히 살펴보겠습니다. 자유는 지름길로 다니지 않고 공무가 아니면 자신의 집에 오지 않는다는 점을 들어 담대가 현능하다[賢]는 것을 알아차렸습니다. 대체로 이 두 가지는 아주 작은 행실[細行]이기는 하지만 그것으로 미루어 헤아려 보아, 첫째 길을 다닐 때는 지름길로 다니지 않았으니 이는 굽은 길을 피하고 빨리하려고 욕심내지 않는 것을 살펴낸 것이고, 둘째 공무가 아니면 한 번도 사사로이 윗사람의 집에 오질 않았으니 이는 윗사람을 섬기는 데 아첨으로 기쁘게 하려는 마음이 없었다는 것을 살펴낸 것입니다.

자유는 일개 읍재일 뿐이었는데도 그 사람을 취하는 것을 이처럼 (최선을 다해) 했습니다. 따라서 그 이상의 지위에 있는 경우 재상은 천자를 위해 백료(百僚)를 고르며 임금은 천하를 위해 재상을

◉　　(原註) 향음(鄕飮), 향사(鄕射), 독법(讀法) 류의 일을 가리킨다.

고를 때 반드시 이처럼 잘 살펴야 할 것입니다. 그래서 (송나라의 명신) 왕소(王素)는 재상을 임명하는 문제를 논하면서 환관이나 궁첩은 후보자들의 이름을 알아서는 안 된다고 강조했고, 《자치통감》을 쓴 사마광(司馬光)은 간관(諫官)을 쓸 때에는 권간들과 밑으로 통교하지 않는 자를 써야 한다고 했으니 반드시 이와 같이 한 이후에야 강직하고 바르며 공명정대한 인사가 관직에 진술하게 되고, 반면에 인사 청탁을 다투어 하고 아첨을 일삼는 풍조는 사라지게 될 것입니다."

【《논어》 〈자로〉 편】

자공(子貢)이 "마을 사람들이 모두 (어떤 이를) 좋아하는 것은 어떻습니까?" 하고 묻자 공자는 "안 된다"라고 말한다. 다시 자공이 "마을 사람들이 모두 (그를) 싫어하는 것은 어떻습니까?" 하고 묻자 공자는 말했다.

"안 된다. (모두 좋아하거나 모두 싫어하는 것은) 마을 사람 중에 선한 자가 좋아하고 선하지 않은 자가 미워하는 것만 못하다."

"신이 가만히 살펴보겠습니다. 이것은 (작은) 마을에서 사람을 살필 때에도 마땅히 이래야 한다는 것입니다. 그것을 그대로 국가나 천하에 미루어 헤아릴 경우에도 역시 그렇지 않은 바가 없으니, 무릇 어떤 사람이 좋은가 그렇지 못한가 하는 것은 같지 않고 또 좋아하고 싫어하는 것도 다릅니다. 그래서 좋은 것은 좋지 못한 자들이 극도로 싫어하는 것이고, 좋지 못한 것은 좋은 사람들이 관여하기를 꺼리는 것입니다. (그런데) 만일 어떤 사람이 좋고 나쁘고를 가리지 않고 다 좋아한다면 이는 부화뇌동하며 명예를 구하려는 짓이니 맹자가 말한 향원(鄕原)●이 그것이고, (반대로) 만일 어떤 사람이 좋고 나쁘고를 가리지 않고 다 미워한다면 비록 그렇게된 이유나 원인은 알 수 없더라도 그러나 그 사람의 사람됨은 얼마든지 알 수 있을 것입니다. 그렇기 때문에 반드시 좋은 사람은 좋은 것을 좋아하고, 좋지 못한 사람은 그것을 미워하는 것입니다.

이처럼 행동에 제약을 가하는 좋음[善]은 군자에 대한 믿음에서 생겨나며 마음을 세울 때의 곧음[直] 또한 결코 소인과 같지 않으니그 행동은 반드시 현명하게[賢] 되는 것입니다. (후한 때) 진번(陳蕃), 이응(李膺)의 무리들을 세상 사람들이 현명하다고 칭찬했지만, 중상시(中常侍, 환관)들은 그들을 보고 말하기를 "당파의 패거리[鉤黨]"라 했고 (당나라 때의 정승) 배도(裴度)의 인물됨에 대해 세상 사람들이 그 공훈과 다움[勳德]을 우러러 보았으나 정작 여덟 관문에 나가 있던 왕족들은 그를 깎아내리려고 백방의 노력을 다 했으니, 이것이 이른바 좋은 사람은 좋은 것을 좋아하고 좋지 못한 사람은

● 사이비(似而非) 군자. 글자 그대로만 보면 마을[鄕]에서 신실하다고 인정받는 사람이지만 공자가 '사이비' 군자로 묘사하면서부터 부정적으로 사용되었다. 맹자는그들이 "속내를 드러내지 않고 세상에 아부하는 사람들"이라고 표현했다.

그것을 미워하는 것입니다. 그렇지만 선을 좋아하는 사람이 비록 많다고 해도 그 말이 반드시 위에 닿는 것은 아니며 선을 싫어하는 사람이 비록 적다고 해도 그의 논의는 항상 시끄러워 임금 앞에 다다르니, 그것이 바로 좋은 말을 무고하는 것은 쉽게 행해지고 충심과 사특함이 늘 자리가 바뀌게 되는 까닭입니다.

임금 된 자가 장차 사목(四目)을 밝히고 사총(四聰)에 통달해 천하의 공론이 다 위에 들리게 하고 간사한 자들은 막고 가린다면 옳고 그름과 좋고 싫음의 실상이 거의 잘못이 없는 데 이르게 될 것입니다."

【《논어》〈위령공〉 편】

공자는 말했다. "여러 사람들이 그것을 미워하더라도 반드시 살펴보며 여러 사람들이 그것을 좋아하더라도 반드시 살펴보아야 한다."

"신이 가만히 살펴보겠습니다. 선을 좋아하고 악을 싫어하는 것이 비록 사람 본성의 근본이기는 하지만, 명예로운 도리를 어기고 온전함을 훼손하는 것 또한 세상에 널리 존재하는 바입니다. 그래서 면밀하게 살피지[察] 않을 수 없는 것입니다.

광장(匡章)⊙의 불효에 대해서는 사람이라면 누구나 지적하는 바이

⊙　　제나라 장수. 아버지의 노여움을 사 쫓겨났고 처자식과도 떨어져 외로이 살아야

지만 맹자는 이렇게 말했습니다. "이는 아버지와 아들 사이에 잘 못을 책하다가 생긴 허물일 뿐이지 불효는 아니다."

중자(仲子)의 청렴함[廉]에 대해서도 사람이라면 누구나 칭찬하는 바이지만 맹자는 이렇게 말했습니다. "이는 형을 피하고 어머니를 떠난[避兄離母] 죄를 책해야 한다." 그리고 말하기를 "중자를 (어찌) 청렴하다 하겠는가?"라고 했습니다. ⊙

옳은 것은 옳고 그른 것은 그를 경우[是是非非] 이는 마치 흑백의 차 이처럼 분명하지만 비슷하게 옳은 것 같은데 (실은) 아니거나[似是 而非] 비슷하지 않은 것 같은데 (실은) 옳은 것[似非而是]은 늘 사람들 이 쉽게 헷갈리게 됩니다. (이럴 때) 성현이 없어 원래의 실상[原情] 이 의심스럽고 비슷한 가운데 있으며 실상을 살피는 것 또한 애매 하기 그지없다면 어찌 능히 그 진짜를 찾아낼 수 있겠습니까? 왕 의 사례를 들어 말하자면 (춘추 시대) 제나라 위왕(威王)이 아(阿) 땅 의 대부를 삶아 죽이고[烹] 즉묵(卽墨) 땅의 대부를 봉한 이후에야 능히 옳고 그름의 실상을 살필 수 있었던 것이니, 만일 그렇게 안 했다면 시시비비를 가리지 못했거나 진짜와 가짜를 헷갈리는 일 은 계속 되었을 것입니다."

했다. 세상 사람들은 그런 그를 보고 불효자라고 했지만 유독 맹자만은 그에게 예 를 갖춰 대했다고 한다.
⊙ 광장의 경우 세상 사람들은 다 불효자라고 비판하지만 효도의 원칙을 어긴 것이 없으니 불효자는 아니라는 것이고, 중자의 경우 세상 사람들은 다 청렴하다고 칭 찬하지만 청렴의 원칙에 들어맞는 것이 없으니 청렴하다고 할 수 없다는 말이다.

【《논어》〈위령공〉 편】

공자는 말했다. "말을 아주 정교하게 남이 듣기 좋도록 하고 얼굴 빛도 곱게 하는 사람[巧言令色]에게는 어진 모습이 드물다."⊙

【《논어》〈자로〉 편】

공자는 말했다. "강직하고 굳세고 질박하고 어눌한 것[剛毅木訥]이 인(仁)에 가깝다."

"신이 가만히 살펴보겠습니다. 말을 아주 정교하게 남이 듣기 좋도록 하고 얼굴빛도 곱게 하는 사람[巧言令色]은 빈말과 거짓[虛僞]으로써 두드러지기 때문에 어진 모습이 드물다고 한 것이고, 강직하고 굳세고 질박하고 어눌한 사람[剛毅木訥]은 바탕과 진실함[質實]으로써 두드러지기 때문에 어짊[仁]에 가깝다고 한 것입니다.

어짊이란 것은 본래 마음의 온전한 다움[全德]이라 반드시 그에 관한 앎에 이르러야 하고 반드시 그것을 행하기 힘쓴 이후에야 능히 땅에 두 발을 딛고 설 수 있을 터인데, 어찌 강직하고 과감하며[剛果] 질박하고 어눌한[樸鈍=木訥] 것이 갑자기 생겨날 수 있는 것이겠습니까? 하지만 진실하되 거짓이 없고 질박하되 화려하지 않으면 그 본래의 마음은 잃지 않은 것이니 어짊에서 멀지 않습니다. 그래서 어짊에 가깝다고 한 것입니다.

⊙   (원주) 교(巧)는 호(好)이고 영(令)은 선(善)이다.

만일 그 말하는 바를 좋게 하고 낯빛을 잘해서 겉으로 잘 꾸며 다른 사람을 기쁘게 한다면 그것은 거짓이며 진실하지 못하고 화려한 듯하지만 실상은 없어 본래 마음에서 떨어진 것이니 어짊에서 멀어진 것입니다.

진실로 어짊을 잘 행할 수 있는 사람은 거의 드물기 때문에 이 두 장은 사실상 서로 안팎을 이루고 있다고 할 수 있습니다. 그래서 후세에 한나라 황족인 유씨를 안정시킨 것은 순박하고 무디며 질박하고 굳센[椎鈍木强] 주발(周勃)이었지, 낯빛을 아름답게 하고 아첨을 일삼은[令色諛言] 동현(董賢)은 마침내 한나라 황실을 재앙에 빠뜨렸으니 주발은 어질다고는 할 수 없을지 모르지만, 충성스러움과 나라를 위하는 마음은 유일무이했다고 할 수 있습니다. 그런 점에서 주발의 바탕[質]은 어짊에 가까웠다고 하겠습니다. 다만, 애석하게도 그는 배운 사람은 아니었기에 여기에서 그칠까 합니다. 그리고 만일 그가 현명했다면 어질지 못함이 심했다는 평도 가능합니다.

그러나 질박하고 충성스러운 신하는 화합하는 데 능하지 못한 반면, 교묘하고 거짓을 일삼는 신하는 쉽게 친해집니다. 그리하여 어질지 못한 자가 종종 세상에서 자기 뜻을 이루는 경우가 있으니 치세와 난세[治亂], 존속과 멸망[存亡]은 반드시 이로부터 말미암는 것입니다. 아! 임금은 진실로 사람을 고름에 있어 신중하고 삼가야 할 것입니다."

【《논어》〈요왈〉편】

공자는 말했다. "말을 알지 못하면 사람을 알 수 없다."

"신이 가만히 살펴보겠습니다. 《주역》의 대전(大傳)⊙에 이르기를 "장차 배반할 사람은 그 말에 (이미) 부끄러워함[慙]이 있고, 마음속에 의심을 품은 사람은 그 말이 산만하고[枝], 훌륭한 사람[吉人]은 말수가 적고, 초조해하는 사람[躁人]은 말이 많고, 좋은 것을 무고하는[誣善] 사람은 그 말이 둥둥 떠다니며[游], 지켜야 할 바를 잃은[失其守] 사람은 그 말이 (곧지 못하고) 굽었다[屈=枉]"고 했습니다. 이는 말에 근거해서 사람을 살피는 법[觀人之法]으로, 백성의 임금 된 자는 마땅히 이를 깊이 알아야 합니다.

무릇 사람이 앞으로 악한 일을 저지르려고 하면 반드시 마음속에 창피한 마음[愧]이 듭니다. 그래서 그 사람의 말에도 부끄러워함[慙]이 드러나고 논리는 분명하지 못하며 마음은 현혹되어 그 말이 이리저리 왔다 갔다 하게 되니, 이를 일러 지리멸렬[支離]하고 복잡다단[多端]하다고 하는 것입니다. 마음이 바르고 선량하며[端良] 평온하고 곧은[易直] 사람은 말이 구차스럽지 않아서 간명하면서도 말수가 적은 반면, 허황되거나 거짓을 일삼고[狂妄] 안달복달하는[躁急] 사람은 말이 항상 쉽게 나와서 번잡하면서도 말수가 많습니다.

⊙   주역에 대한 공자의 풀이를 말하는 것으로 〈계사전〉을 가리킨다.

선량한 사람을 근거 없이 비방하게 되면 마음속에 부끄러운 겸연쩍음[羞惡]이 생겨나게 되니 그런 상태에서 하는 말은 둥둥 떠다니고 확실한 것이 없습니다. 그리고 이런 사람은 지키는 바가 굳건하지 못하고 이해관계[利害]에 마음을 빼앗겨 그 말이 굴욕적이고 쉽게 궁해져서 마음속에 무언가가 있게 되면 반드시 그것이 겉으로 드러나 숨길 수가 없습니다. 그렇기 때문에 말을 모르면 사람을 알 수 없다고 한 것입니다.

그럼에도 불구하고 입을 딱 봉한 채 말을 하지 않는 사람은 말수가 적은 사람과 비슷하고, 반대로 온갖 이야기를 다해서 숨기는 것이 없는 사람은 말수가 많은 사람과 비슷해 보입니다. 그래서 말을 듣는 사람이 만약에 잘 살피지 않는다면 속으로 간사함을 품은 자가 멋진 선비[吉士]라는 명예를 얻을 수 있고, 반대로 충심을 다하는 자가 말만 많은 사람의 부류에 들어갈 수 있으니 어찌 실수를 하지 않을 수 있겠습니까? 이런 상황에서 무엇보다 임금이 잘 알아야 하는 것은 멋진 선비(처럼 보이는 자)의 말은 간명하면서 이치에 맞되 입을 딱 봉한 채 말을 하지 않는 것은 아니라는 것과, (조급해서) 말만 많은 사람의 말은 번잡하고 이치에 맞지 않되 온갖 이야기를 다해서 숨기는 게 없는 것은 아니라는 것입니다. 이처럼 서로 비슷해 보이지만 그것들이 결코 같지 않다는 것을 꿰뚫어 본 이후에야 진정으로 말을 아는[知言] 사람이 될 수 있습니다. 대전(大傳)의 말과 이 장은 둘 다 공자가 했던 말이어서 함께 논했습니다."

【《논어》〈위정〉 편】

공자는 말했다. "군자는 마음으로 친밀하되 세력을 이루지 않으며 소인은 세력을 이루되 마음으로 친밀히 하지 않는다."5-19

【《논어》〈이인〉 편】

공자는 말했다. "군자는 다움[德]을 생각하고 소인은 처하는 곳의 편안함[土]을 생각하며, 군자는 법[刑]을 생각하고 소인은 은혜[惠]를 생각한다."

"신이 가만히 살펴보겠습니다. 군자가 좋아하는 것은 선한 것[善]입니다. 그래서 다움을 마음속에 품고 있습니다. 반면 소인이 뜻을 두는 것은 이익[利]입니다. 그래서 자신이 처하는 곳의 편안함만을 염두에 둡니다. 군자가 두려워하는 것은 법입니다. 그래서 형벌을 생각하는 것입니다. 소인이 관심을 두는 것은 이익입니다. 그래서 은혜만을 마음에 품습니다. 마음에 품는다[懷]는 말은 마음속에 늘 있다[常存]는 뜻입니다."

【《논어》〈술이〉 편】

공자는 말했다.
"군자는 항상 펴져 있어 넓고 태연하고 소인은 늘 근심으로 가득하다."

"신이 가만히 살펴보겠습니다. 군자는 의리에 편안하기 때문에 항상 너그러워 스스로 깨우치는 보람을 갖는 반면, 소인은 물욕에 빠져 있기 때문에 항상 걱정스러운 표정을 하며 만족하지 못하는 마음을 품고 있습니다."

【《논어》〈안연〉 편】

공자는 말했다. "군자는 사람들의 좋은 점을 완성시켜주고 사람들의 나쁜 점은 이루어주지 않는데 소인은 이와 정반대로 한다."

"신이 가만히 살펴보겠습니다. 군자의 마음은 선한 것, 좋은 것[善]을 좋아합니다. 그래서 (군자가) 오직 두려워하는 것은 사람들이 선이든 악이든 행하지 않는 것이기 때문에 그것을 저지시켜 꺾어버립니다. (군자가) 사람들의 좋은 점을 완성시켜준다는 것은 곧 사람들의 나쁜 점을 이루어주지 않는 것이요, (소인이) 사람들의 나쁜 점을 완성시켜준다는 것은 곧 사람들의 좋은 점을 이루어주지 않는 것이기 때문입니다."

【《논어》〈자로〉 편】

공자는 말했다. "군자라면 중화(中和=中道)를 지키되 동화(同化)되지 아니하고[和而不同] 소인은 동화될 뿐 중화를 지키지 못한다[同而不和]."

"신이 가만히 살펴보겠습니다. 군자가 사람을 대할 때는 옳고 그름[可否=是非]으로써 서로를 가지런히 길러주니 중화를 지키되 서로 동화되지 아니하는 것이고, 소인이 사람을 대할 때는 사사로이 패거리를 지음[朋比]으로써 서로 친해지니 서로 동화될 뿐 중화를 지키지는 못하는 것입니다."

【《논어》 〈자로〉 편】

공자는 말했다. "군자는 섬기기는 쉬워도 기쁘게 하기는 어려우니, 기쁘게 하기를 도리[道]로써 하지 않으면 기뻐하지 아니하고, 사람을 부리면서도 그 그릇에 맞게 부린다. 소인은 섬기기는 어려워도 기쁘게 하기는 쉬우니, 기쁘게 하기를 비록 도로써 하지 않아도 기뻐하고, 사람을 부리면서도 (여러 종류의) 능력이 완비되기를 요구한다."

"신이 가만히 살펴보겠습니다. 군자의 마음은 평온하면서도 인자하니[平恕] 섬기기가 쉬운 것이고, 그 태도가 바르고 크니[正大] 기쁘게 하기는 어려운 것입니다. 오직 평온하고 인자함으로 일관하니 사람을 부림에 있어서도 각각이 가진 장점을 취합니다. 반면 소인의 마음은 모질고 각박하니[刻刻] 섬기기가 어려운 것이고, 그 태도가 치우치고 사사로우니[偏私] 기쁘게 하기는 쉬운 것입니다. 오직 모질고 각박함으로 일관하니 사람을 씀에 있어 반드시 그에게 모든 것이 갖추어져 있기를 요구합니다."

【《논어》〈자로〉 편】

공자는 말했다. "군자는 큰마음을 갖되 교만하지 않고[泰而不驕] 소인은 교만하기만 하고 큰마음이 없다[驕而不泰]."

"신이 가만히 살펴보겠습니다. 군자는 이치를 따르기 때문에 마음이 편안하게 펼쳐져 있고 잘난 척 제멋대로 하지 않는데, 소인은 욕심이 왕성하기 때문에 잘난 척 제멋대로 하면서 마음이 편안하지 못하고 늘 찌들어 있습니다. 큰마음을 가진 사람은 마음이 넓고 몸도 평안한데 교만한 사람은 뜻[意]⊙은 흘러넘치고 기운[氣]만 왕성합니다."

【《논어》〈헌문〉 편】

공자는 말했다. "군자는 위로 통달[上達]하고 소인은 아래로 통달[下達]한다."

"신이 가만히 살펴보겠습니다. 군자는 이치를 추구함으로써 일을 하기 때문에 나날이 고명한 차원을 향해 나아갑니다. 소인은 욕심을 드러냄으로써 일을 하기 때문에 하루하루 웅덩이에서 헤맵니다."

⊙   이때의 뜻은 좋은 의미[志]가 아니라 사사로운 욕심이 들어간 뜻이다.

【《논어》〈위령공〉편】

공자는 말했다. "군자는 자신에게서 찾고[求諸己] 소인은 남에게서 찾는다[求諸人]."

"신이 가만히 살펴보겠습니다. 군자는 자신을 탓하지 남을 탓하지 않습니다. 그래서 (문제가 있으면 그 이유나 원인을) '자신에게서 찾는다'고 한 것입니다. (반면) 소인은 남을 탓하지 자신을 탓하지 않습니다. 그래서 '남에게서 찾는다'고 한 것입니다."

【《논어》〈위령공〉편】

공자는 말했다. "군자는 작은 일로써는 (그가 군자인지를) 알 수 없고 큰일로써 그가 군자임을 받아들이게 되는 반면, 소인은 큰일로써 받아들일 수 없고 작은 일로써만 그가 소인임을 알 수 있다."

"신이 가만히 살펴보겠습니다. 군자가 마음속에 편안하게 간직하는 것[所存=所安]은 큽니다. 그래서 시시껄렁한 일로는 그가 군자인지 여부를 알 수 없고 큰일을 당해야 그가 군자인지를 알 수 있습니다. 반면 소인은 사소한 데에 시야가 한정되어 작은 일의 장점은 쉽게 보면서도 큰일을 당하게 되면 감당을 할 수 없기 때문에 그가 소인임을 알 수 있는 것입니다."

【《논어》〈이인〉편】

공자는 말했다. "군자는 의리에서 깨닫고 소인은 이익에서 깨닫는다."

"신이 가만히 살펴보겠습니다. 의리[義]란 하늘과도 같은 이치[天理]의 공적인 것[公]이요 이익[利]이란 사람의 욕심에서 나오는 사사로움[私]이니 군자의 마음은 오직 의리가 있음을 아는 것입니다. 그렇기 때문에 의리에서 분명한 것을 얻게 되는 것입니다. 반면 소인의 마음은 오직 이익이 있음을 아는 것입니다. 그렇기 때문에 이익에서 훤하게 두루 통하지 않는 바가 없는 것입니다. 그 이하 전체 11개장◉은 모두 군자와 소인이 서로 상반되는 것들을 말하며 크게 보면 공과 사, 의리와 이익은 서로 뛰어넘을 수 없음을 말하고 있을 뿐입니다.

공자가 말하려는 바는 배우는 사람이라면 군자와 소인의 각기 다른 분수를 명확히 알아야 하며 그 취하고 버리는 기미를 잘 살펴야 한다는 것입니다. 신(臣)이 여기서 바라는 바는 임금이라면 군자와 소인을 분별할 줄 알아야 하며 그 쓰고 버릴 때에 지극히 삼가야 한다는 것입니다. 성인의 말씀은 대부분 어느 하나만을 무조건 고집하지도 않고[無適] 정확히 그때에 맞도록 합니다.

아! 옛날부터 간사한 소인이 세상에 재앙을 불러오는 것이 비록

◉　《논어》〈이인(里仁)〉 16장부터 26장까지를 말한다.

하나의 단서 때문만은 아니었지만 사사로움과 이익만큼 중대한 것은 없었습니다. 사사로움이 곧 이익이요 이익이 곧 사사로움입니다. 이익을 탐하는 마음이 한 사람을 지배하게 되면 임금이나 아버지의 안위도 돌아보지 않을 것이고, 이익을 탐하는 마음이 한 집안을 시배하게 되면 사직의 존망도 인중에 없을 것입니다. 따라서 임금이 평소에 사람을 쓰고 버림에 있어 이런 점들을 깊이 살피지 않을 수 있겠습니까?"

【《맹자》】

맹자는 말했다. "조정에서 중요 벼슬을 하고 있는 신하의 사람됨을 살필 때는 그의 집에 거처하면서 그를 주인으로 모시는 사람들이 누구인지를 척도로 삼고, 멀리서 와서 벼슬을 하는 신하의 사람됨을 살필 때는 그가 거처하면서 주인으로 모시는 사람이 누구인지를 척도로 삼는다."

"신이 가만히 살펴보겠습니다. 군자와 소인은 각각 자신과 같은 부류를 따르게 됩니다. 따라서 조정에서 중요 벼슬을 하고 있는 신하[近臣]이면서 현명한 사람이라면 반드시 멀리서 와서 벼슬을 하는 신하들 중에서 현명한 자를 천거할 것이고, 멀리서 와서 벼슬을 하는 신하[遠臣]이면서 현명한 사람이라면 그 또한 반드시 조정에서 중요 벼슬을 하고 있는 신하들 중에서 현명한 자가 천거한 것일 것입니다. 따라서 그에 의해 천거받은 사람이 현명한지 여부만 살피면 조정에서 중요 벼슬을 하고 있는 신하의 사람됨을 알 수 있고, 그를 천거한 사람이 현명한지 여부만 살피면 멀리서 와서 벼슬하는 신하의 사람됨을 알 수 있습니다."

【《맹자》】

맹자는 말했다. "사람을 살펴보는 것 중에 눈동자(를 보는 것)만큼 좋은 것은 없다. 눈동자는 그 사람의 나쁜 점을 숨기지 못한다. 마음이 바르면 눈동자는 밝고 마음이 바르지 못하면 눈동자는 흐리다. 그 사람이 하는 말을 가려서 듣고 그 사람의 눈동자를 제대로 본다면 그 사람은 어찌 (자신의 본마음을) 숨기겠는가?"

"신이 가만히 살펴보겠습니다. 사람의 눈이라는 것은 정신이 발현되는 곳이고 말이라는 것은 마음가짐이 형태를 드러내는 것입니다. 따라서 그 사람 말의 그릇됨과 올바름을 제대로 보는 것은 그 눈이 밝은지 흐린지를 징험하는 것이며, 이렇게 하면 그 사람의 현능한지 여부를 숨길 수 없습니다. 따라서 이것은 사람을 살피는 법 중의 하나입니다."

【《사기(史記)》】

위나라 문후(文侯)⊙가 어떤 인물을 재상으로 삼아야 할지 이극(李克)⊙⊙에게 묻자 이극은 말했다. "그 사람이 평소 생활할 때 (누구를) 제 몸처럼 여기는 것[親]이 무엇인지를 보시고, 그 사람이 부유할 때 무엇을 베푸는지[與]를 보시고, 그 사람이 벼슬이 높아졌을 때 누구를 천거하는지[擧]를 보시고, 궁지에 처했을 때 무엇을 하지 않는지[不行]를 보시고, 가난해졌을 때 무엇을 취하지 않는지[不取]를 보셔야 합니다."

"신이 가만히 살펴보겠습니다. 문후가 재상감을 가리는 것에 대해 묻자 이극은 이 다섯 가지로써 말씀을 올렸습니다. 평소 생활할 때 제 몸처럼 여겨야 할 사람을 진실로 제 몸처럼 여기는 자는 반드시 어질 것[賢]이고, 부유할 때 베풀어야 할 것을 진실로 베푸는 자는 반드시 적절할 것[當]이고, 벼슬이 높아졌을 때 천거해야 할 자를 진실로 천거하는 자는 반드시 선한 마음을 가졌을 것[善]이

⊙ 전국시대 위나라 제1대 제후. 조나라·한나라와 함께 지백(知伯)을 멸하고 진나라를 삼등분한 위환자(魏桓子)의 손자이다. 진나라의 동진을 황하에서 방어하고, 조나라와 한나라를 설득해 동쪽의 강국 제나라의 내란에 간섭했다. 공자의 제자 자하에게 유학을 배우고, 그 제자로서 법가의 시조가 된 이극(李克)을 등용하여 부국강병을 이루었다.

⊙⊙ 전국시대 초기의 대표적인 법가(法家) 사상가. '이회'라고도 하며, 기원전 455년에 태어나 기원전 395년에 사망했다. 위나라 문후(재위 기원전 424~387년) 때 재상을 지냈으며, 위나라의 변법 개혁과 부국강병을 지휘했다. 저서로 중국 최초의 법전이라고 할 수 있는 《법경》 6편이 있다.

고, 비록 궁한 상황에 처했지만 의롭지 못한 일은 하지 않는 것과 비록 빈곤하게 되었지만 의롭지 못한 재물은 취하지 않는 것을 포함한 이 다섯 가지는 군자가 아니고서는 할 수 없는 것들입니다. 따라서 이 다섯 가지(중의 하나)가 있는 사람이라면 마땅히 대신이나 재상의 직임을 감당할 수 있는 것입니다.

이극의 이 말은 또한 거의 사람을 살피는 요체[觀人之要]를 담고 있다고 할 수 있습니다. 이 당시에 위성자(魏成者)는 자신이 받는 식록(食祿) 천종(千鍾) 가운데 9할은 집 밖에 쓰고 1할만 집안에서 썼기 때문에 복자하(卜子夏), 전자방(田子方), 단간목(段干木)을 얻을 수 있었던 것이고, 또 이들을 나아가게 해서 문후가 이들을 모두 스승으로 모실 수 있었던 것입니다.

이극의 말은 비록 이렇게만 한다고 해도 절로 다 된다는 뜻은 아니지만 그러나 이것들을 하지 않고서는 아무것도 안 될 것입니다.⊙ 그래서 문후는 마침내 이극을 재상으로 삼았으니 후대에 재상감을 논하게 될 때에는 반드시 이것을 살펴서 해야 할 것입니다. 이상은 성현(聖賢)들께서 사람을 살피는 법[觀人之法]을 논한 것입니다."

긴 인용이었지만 독자들은 이를 통해 보는 눈이 훨씬 밝아졌음을 느꼈을 것이다. 더불어 덤으로 진덕수라는 특출난 유학자가

⊙　　　한마디로 이 다섯 가지는 필요충분조건은 아니고 필요조건이라는 뜻이다.

《논어》를 어떻게 풀어내는지도 함께 볼 수 있었다.

중용(中庸)은 중립이 아니다

이런 맥락에서 중용은 과연 무슨 뜻일까? 앞서 자하라면 중용을 어떻게 풀어낼까? 가운데 중(中), 떳떳할 용(庸). 가운데서 떳떳하다? 이게 도대체 무슨 말인가?

기존의 국어사전이나 사서 풀이집들을 보면 한결같이 '지나치거나 치우침이 없음'이라고 나온다. 중용은 대충 '적절한 균형을 잡다' 정도로 풀이하고 지나친다. 내 경우도 한동안 그렇게 여기며 경전을 따라 읽다 보니 늘 알듯 모를 듯 잘 잡히지 않는 것이 사서(四書)였다. 그런데 오랜 시간을 반복하다 보니 혼자의 능력으로 경서를 읽어가는 힘이 생기는 경험을 하게 되었다. 그런 과정에서 중용을 파악하는 문리를 터득하게 되었는데, 여기서는 그것을 짚고 넘어가보자. 《논어》〈옹야〉에서 공자는 이렇게 말한다.

> "중용이 다움[德]을 이루어냄이 지극하다고 할 것이다. (그런데) 사람들 가운데는 중용을 오래 지속하는 이가 드물다."5-20

먼저 공자는 다움[德]을 이루어내는 것이 '중용'이라고 말한다. 덕을 이루어낸다는 것은 임금이 임금다워지고 신하가 신하다워지고 부모가 부모다워지고 자식이 자식다워지는 것이다. 크게 말해 사람이 사람다워지는 것이 바로 그 덕을 이루는 것이다.

여기서 우리는 질문을 던져야 한다. 기존의 해석을 따를 때 '지나치거나 치우침이 없다'는 것이 어떻게 해서 다움을 이루어낼 수 있을까? '적절한 균형을 잡는다'고 해서 임금이 임금다워지고 신하가 신하다워질까? 이래가지고는 무슨 말인지 알 길이 없다. 그러다 보니 일반인들은 이 단계에 이르면 '아, 내가 한문이 약해서 이해를 못하는구나'라며 지레 포기하고 만다.

결론부터 말하면 중용은 한 단어가 아니라 '중하고[中], 용하다[庸]'라는 두 단어다. 여기서의 중(中)은 가운데 운운하는 것과는 전혀 상관이 없고, 오히려 적중(的中), 관중(貫中)하다고 할 때의 그 중이다. 《서경》에 나오는 '문제의 핵심을 잡아 쥔다'고 할 때의 집중(執中)이 바로 '중하는 것[中]'이다. 아직 도달하지는 못했지만 무언가 사안의 본질이나 핵심에 닿기 위해 갖은 애를 쓰는 것이 바로 '중하는 것'이다.

용(庸)도 떳떳함과는 상관이 없고 오래 지속하는 것이다. 즉, 열과 성을 다하여 어렵사리 중하게 된 것을 가능한 한 유지하는 것이 바로 '용하는 것[庸]'이다.

이제 위의 문장을 다시 찬찬히 읽어보자. 임금이 절로 임금이 되는 것이 아니다. 관대함, 굳셈, 눈 밝음, 위엄 등을 조금씩 갖추어 나감으로써 처음에는 어설펐던 임금도 훗날 임금다운 임금이 될 수 있다. 그러면 어떻게 해야 하겠는가? 임금다움을 배우고 익혀 최대한 자기 몸에 남도록 해야 한다. 즉, 다움의 가치[德]를 찾아내어[中] 내 몸에 익혀야[庸] 한다.

아마도 눈 밝은 독자라면 벌써 눈치 챘을 것이다. 그렇다. 중하고 용하는 것[中庸]은 《논어》〈학이〉 첫머리에 나오는 학이시습(學而時習)과 정확히 통한다. 각자 자신이 갖추어야 할 다움[德]을 애써[文] 배워서 그것을 시간 나는 대로 열심히 몸에 익히는 것이 바로 중하고 용하는 것[中庸]이다. 여기까지 이해되었다면 《논어》〈태백〉의 한 구절을 읽어보자.

공자가 말했다. "(무언가를) 배울 때는 마치 내가 (거기에) 못 미치면[不及] 어떡하나 하는 마음으로 해야 하고, 또 (그것에 미쳤을 때는) 혹시 그것을 잃으면[失之] 어떡하나 두려워하는 마음으로 해야 한다."5-21

여기서 자연스럽게 배움과 중용이 만난다. '내가 거기에 못 미치면 어떡하나 하는 마음으로 하는 것'이 중하는 것[中]이고 '그것을 잃으면 어떡하나 두려워하는 마음으로 하는 것'이 용하는 것[庸]이다. 결국 중하는 것이나 용하는 것이나 전심전력을 기울여야지 조금만 방심해도 핵심에 닿지 못하고 설사 핵심에 닿았다 하더라도 그것을 잃어서 용하지 못하는 것이다. 적어도 이 정도까지는 이해가 되어야 《논어》〈옹야〉에서 공자가 말한 뒷부분을 쉽게 이해할 수 있다.

———

"(그런데) 사람들 가운데는 중하고 용하는 것을 오래[久] 지속하는 이가 드물다[民鮮久矣]."

이제 핵심은 '오래[久]'이다. 순간적으로는 누구나 적중할 수 있고 유지할 수도 있다. 그러나 그것을 오래 끌고 가는 것은 쉽지 않은 것이다. 이와 거의 같은 구절이 《중용》에도 등장하는데 능(能) 자가 추가되어 '민선능구의(民鮮能久矣)'라고 되어 있다. 문제는 '민선능구의'를 번역하는 문제를 두고서 두 가지 방향이 엇갈린다는 점이다. 특히 구(久)에 대한 번역이 올바른 번역인지를 가르는 열쇠이다. 먼저 전통적이면서도 일반적인 해석을 보자.

'사람들이 능한 이가 적은 지 오래되었다.' (성백효 옮김)
'백성이 능함이 적은 지 오래이구나.' (김석진 옮김)

이 두 번역은 능(能)을 능한 이, 능함으로 옮긴 차이는 있지만 기본적인 뜻은 비슷하다. 이런 번역은 아마도 이 부분에 대한 주희의 풀이에 근거한 듯하다. 주희는 이 문장을 '그것(중용)을 능하게 하는 이(것)가 드물어진 지[鮮能之] 이미 오래다[今己久矣]'라고 풀이하고 있기 때문이다. 결국 주희 식대로 하자면 옛날에는 드물지 않았는데 그 후 오랫동안 중용에 능한 이가 나오지 않았다고 말하고 있다. 중용에 이르기 어려운 것은 예나 지금이나 마찬가지라는 점에서 주희가 옛날과 지금을 대비시킨 풀이는 그다지 적절치 않아 보인다. 상당한 억지가 들어간 풀이이기 때문에 구(久)에 대해서도 어이없는 실수를 저지른 것으로 볼 수 있다. 그 점에서는 김용옥의 풀이가 정약용의 풀이를 받아들여 이 문장의 핵심 동사를 능(能)이 아니라 구(久)로 본 것은 정확한 이해다. 그래서 김용옥의 해석은 조금 다르다.

'아~ 사람들이 거의 그 지극한 중용의 덕을 지속적으로 실천하지 못하는구나!'

다만 김용옥의 해석에는 능(能)의 의미가 누락되어 있고 불필요한 감탄사 '아~'가 들어가 있으며 구(久)를 지속적 실천으로까지 옮긴 것은 조금 더 나간 느낌이다. 김용옥의 본질적인 문제점은 중용(中庸)을 제대로 이해하지 못한 데서 드러난다. 그는 중용이 두 개의 동사임을 이해하지 못한 채 막연하게 '정태적(情態的) 중용'과 '동태적(動態的) 중용'을 나누었다. 그런 두 개의 중용은 없을 뿐만 아니라 중용 자체가 명사가 아니라 행위가 지속되는 동사다. 아마도 그는 명사로 중용을 사용하니 말이 안 된다는 것을 알아차려 동태적 중용이라는 억지 용어를 만들어낸 듯한데 끝내 그것이

동사임을 파악하지 못했다. 앞서 말한 듯이 한문은 한 자씩 해석하면 길이 보인다.

어쩌면 이해가 쉽지 않을 수도 있지만, 조금만 더 깊이 생각해보면 중용이 지니는 깊은 뜻을 맛볼 수 있다. 이것이 바로 문리(文理)가 트이는 과정이다. 이제 내가 《논어》에서 제일 좋아하는 구절을 함께 읽어보자. 하나하나 음미하다 보면 인지(仁知)를 중심으로 한 공자의 생각이 어느새 우리 마음 속 깊이 자리 잡게 되며, 말과 일 그리고 사람을 이해하는 법이 무엇인지 조금씩 느껴질 것이다. 〈위령공〉에 나오는 구절이다.

———
공자가 말했다. "앎[知]이 도리에 미치더라도 어짊[仁]이 그것을 지켜줄 수 없다면 설사 도리를 (순간적으로는) 얻었다 하더라도 결국 자기 것이 되지 못하고 반드시 잃게 된다. 앎이 거기에 미치고 어짊이 그것을 지켜줄 수 있다 하더라도 장엄[莊]으로 백성에게 임하지 않으면 백성이 공경하지 않는다. 앎이 거기에 미치고 어짊이 그것을 지켜줄 수 있고 장엄으로써 백성에게 임할 수 있더라도 백성을 예(禮)로써 분발시키지 않는다면 좋다고 할 수 없다."5-22

도리에 적중하여[中=中道] 오래 유지하는 것[庸=恒=久]은 그만큼 쉽지 않은 과제다. 군자와 소인의 갈림길에 이 글이 마치 양자

택일을 요구하는 이정표처럼 서 있는 듯하다.

군자가 피해야 할 4가지

지금까지 우리는 사람을 제대로 알려면[知人] 그 사람의 애씀과 바탕[文質]을 판별하고 이어 그가 애씀[文]을 배우려는[學] 사람인지, 아니면 꼼짝도 않고 제자리에 머물러 있으려는[固] 사람인지를 통해 그 사람됨을 살펴야 한다는 점을 보았다. 그리고 애씀, 애쓰는 법을 배우는 태도와 관련해 핵심에 적중하다[中], 오랫동안 잘 유지하다[庸=常=久], 열렬함[誠]이 중요한 포인트라는 점을 짚었다.

그렇다면 가장 경계해야 할 인물 유형인 고집불통[固]에는 어떤 유형들이 있는가? 그에 앞서 한 가지 유의해야 할 점이 있다. 고집불통이란 성격이라기보다는 일과 사람에 대한 태도와 관련된다. 예컨대 한 우물만 파는 장인(匠人)의 경우 이는 고집불통이 아니다. 더 나은 작품을 만들기 위해 열렬하게 앞으로 나아가려 애쓰는 사람이라는 점에서 고집불통[固]과는 정반대다. 오히려 이 장인은 애씀을 배우려는[學文] 쪽에 가깝다.

그렇다면 사람들은 왜 고집불통에 빠지는가? 《논어》〈태백〉에 나오는 공자의 말이 그 실마리를 제시한다.

공자가 말했다. "주공과 같은 빼어난 재주를 지녔다고 하더라도 교만하거나[驕] 인색하다면[吝] 그 나머지는 족히 볼 것이 없다."5-23

주공은 공자가 가장 존경한 인물이다. 이런 주공처럼 빼어난 재주[才=質]를 타고났다고 해도 다른 사람들을 무시하는 마음인 교만함이나 인색함에 젖어 있을 경우, 앞으로 단 한 걸음도 나아갈 수 없다는 것이다. 왜냐하면 교만한 자나 인색한 자는 둘 다 다른 사람으로부터 좋은 점을 배우려는 생각 자체를 하지 않기 때문이다. 이렇게 남을 무시하며 자기 세계에 사로잡혀 있는 것이 바로 고집불통[固]이다. 특히 리더가 우매해도 문제지만 조금 똑똑하다 하여 교만함에 빠질 경우 천하도 망하게 하는 경우로 진덕수는 《대학연의》에서 수나라 양제를 든다. 자신의 재주와 학식을 과신했던 양제는 신하들에게 이렇게 말했다.

"세상 사람들은 모두 짐이 운 좋게 선대로부터 물려받은 황통(皇統)이 있었기에 이 자리에 오를 수 있었다고 말들 하는데, 설령 짐이 사대부들과 겨루어 선발 시험을 친다고 해도 마땅히 천자가 될 수 있었을 것이다."

오만의 극치라고 할 수 있다. 리더가 이런 오만에 빠질 경우의 병폐에 대해 진덕수는 "그 때문에 임금과 신하가 서로를 함부로 대했고 다른 한편으로는 그 때문에 임금과 신하가 서로 잘난 체해 다투었으니 결국 어지러워져 망하고 말았다"고 진단한다.

인색함 또한 다른 사람에게 지지 않으려는 마음과 통한다는 점에서 교만의 다른 모습이라고 할 수 있다. 결국 고집불통[固]이란, 꽉 막혀 주변이나 혹은 위아래와 소통을 하지 못하는 태도라고 할 수 있다. 그러면 반대로 교만하지 않고 인색하지 않게 다른 사람과 소통하려 애쓴다는 것은 남의 말에 겸손하게 귀 기울이려고 애쓴다는 뜻이다. 경청(傾聽)을 강조하면서도 어느새 자기 말만 하고 있는 리더는 고(固)에 가깝다.

다른 사람에게 배우려는 열린 태도에도 여러 단계가 있다. 이에 대해서는 맹자가 결정적인 조언을 준다. 가장 낮은 단계부터 올라가보자.

《맹자》〈공손추 장구〉에서 맹자는 먼저 공자의 제자 자로를 높이 평가한다. 그는 남들이 자신의 허물을 말해주면 (진심으로) 기뻐했다는 것이 그 이유이다. 사실 우리 같은 사람들은 이 단계도 쉽지 않다. 겉으로는 받아들이는 듯하지만 대부분 속으로 서운한 마음[慍]을 갖게 되기 때문이다. 그래서 아예 다른 사람의 잘못은 이야기해주지 않는 것이 무난한 처세술로 자리 잡고 있다. 물론 이는 잘못이다.

자로보다 한 걸음 더 나아간 사람은 우왕(禹王)이다. 그는 남들이 좋은 말[昌言]을 해주면 절을 했다고 한다. 이 또한 겉치레가 아니라 진심으로 그렇게 했다는 말이다. 요즘 리더들에게 흔히 강조하는 경청이 바로 이 단계다.

맹자는 가장 높은 단계로 순 임금을 든다. 좋은 일을 할 때 남들에게서 취하지 않은 것이 없었다는 이유다. 이 말은 음미할 필요가 있다. 순 임금은 좋은 일을 할 때는 남들이 자신과 똑같은 의견을 가졌을 경우 자신을 버리고 남들을 따랐다. 또 미처 자신이 생각하지 못한 좋은 일을 남들이 하려고 하면 반드시 이루어주었다. 이에 대한 맹자의 평가다.

"이것은 남들에게 좋은 일을 하도록 해주는 것이다."

그래서 수준이 가장 높다. 그만큼 어려운 단계다. 자로, 우왕, 순 임금만큼은 못해도 자신의 허물을 말해주면 욱하지 말고, 좋은 말에는 최소한의 감사 표시라도 하고 남들이 잘하는 것을 방해만 하지 않아도 사람들로부터 높은 평가를 받을 수 있을 것이다. 고집불통(固), 교만함(驕), 인색함(吝), 서운함(慍)은 리더가 일을 하는 데 있어 닦아서[修] 없애야 할 부정적 개념들이다.

군자가 일을
풀어내는 법

말을 연결하고, 일을 비교하라

《춘추(春秋)》 혹은 《춘추좌씨전(春秋左氏傳)》이라는 책이 있다. 우리나라는 전통적으로 사서삼경(四書三經)이라 하여 《논어》, 《맹자》, 《중용》, 《대학》의 사서와 《시경》, 《서경》, 《역경》(혹은 《주역》)만을 말하는데, 실은 《예기》와 《춘추》는 반드시 포함해 적어도 '사서오경'은 공부를 해야 공자 사상의 기본 골격을 파악하게 된다. 특히 《춘추》가 빠져 있다는 것은 치명적 결함을 갖게 되는데, 그것이 바로 일을 통해 사람을 파악하고 다시 사람을 보아 일의 전개과정을 미리 파악하는 문제를 소홀히 하게 된다는 점이다.

옛날의 중국 역사를 위해 춘추시대, 특히 그것을 좌씨(左氏)가 보충한 《춘추좌씨전》을 꼭 읽어야 하는 이유도 바로 그것이다. 옛날 중국의 역사를 읽기 위한 것이라면 그것은 중국 고대사 전문가에게나 해당될 일이다. 《춘추》가 어떤 책인지에 대해서는 반고(班

固)의《한서》〈사마천전(司馬遷傳)〉에 실린 것만큼 정확한 설명을 찾을 수 없다.

———

상대부(上大夫) 호수(壺遂)가 말했다. "옛날에 공자는 무엇을 위해 《춘추》를 지었습니까?" 태사공(太史公, 사마천)이 말했다. "저는 동생(董生, 동중서)에게 이렇게 들었습니다.⊙ '주나라의 도리가 폐기되었을 때 공자가 노나라의 사구(司寇, 사법장관)가 되었는데 제후들은 공자를 해치려 하고 대부들은 공자를 가로막았다[壅]. 공자는 자신이 쓰일 때가 아니고 도리가 행해질 수 없다는 것을 알고서 (노나라의) 242년 동안에 대해 옳고 그름을 가림으로써 천하를 위한 본보기[儀表]를 만들어 제후들을 깎아내리고[貶] 대부들을 성토해[討] 임금다운 도리[王事=王道]에 이르렀을 뿐이다.'⊙⊙ 공자가 말하기를 '나는 (원래는) 추상적인 말로[空言] 그 일들을 싣고 싶었으나 이는 실제로 일어났던 일들을 보여주어 아주 절절하고[深切] 훤하게 밝히는 것[著明]만 못하다'고 했습니다.

⊙   사마천과 동중서는 동시대 사람으로 동중서가 20년 이상 나이가 많아 동중서의 말은 평어체로 옮겼다.

⊙⊙   여기서 임금다운 일이란 천자의 천자다운 도리를 가리킨다. 즉, 천자의 천자다움을 척도로 삼아 제후나 대부의 그릇된 행위들을 깎아내리고 비판했다는 뜻이다. 《사기》〈태사공자서(太史公自序)〉에는 이 부분이 조금 다르게 나온다. "천자를 깎아내리고 제후들을 물리치고 대부들을 성토해"로 되어 있다. 따라서 진덕수는 사마천의 이 글을《한서》〈사마천전〉에서 가져온 것으로 보인다.

《춘추》는 위로는 삼왕(三王)의 도리를 밝히고 아래로는 사람일[人事]의 큰 틀과 작은 벼리들[經紀=綱紀]을 가려내어 이로써 의심스러운 바를 분별했고[別嫌疑] 옳고 그름을 밝혔으며[明是非] 그동안 정하지 못하고 유예했던 것들을 판정했습니다[定猶豫]. (이렇게 하여) 좋은 사람이나 일을 좋다고 하고 나쁜 사람이나 일을 나쁘다고 했고[善善惡惡] 뛰어난 사람을 뛰어나다 하고 못난 사람을 낮추었으며[賢賢賤不肖], 망한 나라를 존속케 하고[存亡國] 끊어진 (왕실) 집안을 이어주었고[繼絕世]◉, 무너진 전통을 보완하고 폐기된 전통은 다시 일으켰으니 이것들은 다 임금다운 도리의 큰 일[王道之大]입니다.

《주역》은 하늘과 땅, 음과 양, 사계절 오행(五行)을 드러내는 것이기 때문에 변화에 대해 장점이 있고, 《예기》는 사람의 큰 도리[人倫]를 크고 작은 벼리로 잡아주기[綱紀] 때문에 행실[行]에 대해 장점이 있으며, 《서경》은 옛 임금들의 일과 행적을 기록하고 있기 때문에 정사[政]에 장점이 있고, 《시경》은 산천, 계곡, 금수, 초목, (짐승의) 암놈과 숫놈[牝牡], (새의) 암컷과 숫컷[雌雄]을 노래하고 있기 때문에 풍자적 은유[風=諷諭]에 장점이 있으며, 《악기》는 몸을 세우는 까닭을 즐겁게 해주기 때문에 조화[和]를 이루는 데 장점이 있고, 《춘추》는 옳고 그름을 가려주기 때문에 사람을 다스리는 데 [治人] 장점이 있습니다. 그래서 《예기》로써 사람에게 절도(節度)를 부여해주고 《악기》로써 조화로움을 불러일으키며 《서경》으로써

◉　　　이는 실제로 그렇게 했다는 말이 아니라 기록을 통해 그렇게 했다는 뜻이다.

사실을 말하고 《시경》으로써 뜻(이나 감정)을 전달하며 《주역》으로써 변화를 말하고 《춘추》로써 의로움을 말하는 것입니다.

《춘추》는 그 문자가 수만 자로 이루어져 있고, 그 뜻하는 바도 수천 가지입니다. 어지러운 세상을 다스려 그것을 바른 세상으로 되돌리는 것[撥亂世反之正莫近於春秋]⊙으로 《춘추》만큼 가까운 것은 없습니다. 만 가지 일과 사물이 흩어지고 모이는 것이 다 《춘추》에 있습니다. 《춘추》 안에는 임금을 시해한 것이 36건이고 나라를 망친 것이 52건이며, 제후들이 망명해 사직을 제대로 지키지 못한 경우는 이루 다 헤아릴 수 없습니다. 그 까닭을 잘 들여다보면 모두 다 그 근본을 잃어버렸기 때문입니다. 그래서 《주역》에 이르기를 '털끝만 한 작은 차이도 (뒤에 가서는) 천리나 오차가 날 수 있다'고 했고 그렇기 때문에 '신하가 임금을 시해하고 자식이 아버지를 죽이는 것은 하루아침, 하루저녁의 원인 때문이 아니라 그것이 점점 오래 쌓여서[漸久] 그렇게 되는 것이다'라고 했습니다.

(그러니 천자든 임금이든) 나라를 소유한 자는 《춘추》를 잘 알지 않으면 안 되는 것이니 (이를 모르면) 바로 앞에서 (다른 동료를) 중상모략해도 보지를 못하고 뒤에서 해를 끼쳐도 이를 알지 못하게 됩니다. (또한) 신하된 자도 《춘추》를 잘 알지 않으면 안 되는 것이니 (이를 모르면) 늘 있는 일들을 행하면서도 그 마땅함을 알지 못하고

⊙ 　이 표현은 《춘추공양전(春秋公羊傳)》에 나온다. 우리가 역사책에서 흔히 봐왔던 반정(反正)이란 말도 여기서 나온 것이다.

변고가 일어났을 때는 그에 맞는 대처법[權=權道]을 알지 못합니다. 임금이나 아버지가 되어 《춘추》의 의로움에 능통하지 못하면 반드시 가장 나쁜[首惡=元兇] 오명을 덮어쓰게 될 것이고, 신하나 자식이 되어 《춘추》의 의로움에 능통하지 못하면 반드시 찬탈이나 시역(弑逆)을 저지르다가 주살당하게 되는 죄를 지을 것입니다. 사실 그들은 다 자신들이 하는 짓을 좋은 것이라 여기고 행하지만, 그것의 의로움 여부를 모르기 때문에 실상과는 동떨어진 비난[空言]을 덮어쓰면서도 감히 거기서 벗어나지를 못합니다.

무릇 예 갖춤과 의로움[禮義]의 기본적인 뜻에 통하지 못하면 임금은 임금답지 못하고 신하는 신하답지 못하고 아버지는 아버지답지 못하고 자식은 자식답지 못한 지경에 이르게 됩니다. 그리하여 임금이 임금답지 못하면 (임금의 일을 신하에게) 침범당하고 신하가 신하답지 못하면 (결국은) 주살되고 아버지가 아버지답지 못하면 무도하게 되고 자식이 자식답지 못하면 불효를 하게 되니 이 네 가지 행실은 천하의 가장 큰 잘못입니다. 그래서 천하의 가장 큰 잘못을 저질렀다는 말을 뒤집어쓰게 되어도 그것을 받아들여야만 할 뿐 감히 거기서 벗어나지를 못합니다. 그렇기 때문에 《춘추》란 예 갖춤과 의로움의 가장 큰 으뜸[大宗]인 것입니다.”

이처럼 《춘추》는 그저 옛날 책이 아니다. 임금 된 자가 일을 제대로 하기 위해서는 필수적으로 갖추어야 하는 자질을 길러주는 책이다. 이렇게 이해된 《춘추》라면 얼마든지 지금 이곳에서도 조직 일반에 적용할 수 있는 것이다. 우리에게도 다시 《춘추》 읽기를 중시하는 독서 풍토가 생겨나기를 바라는 것은 그저 옛 중국에 대한 역사적 호기심이 아니라, 무엇보다 우리의 문제를 올바르게 인식하여 바른 해법을 찾기 위함이다. 하나만 덧붙이자면 공자 자신도 《춘추》에 대해 《예기》 〈경해(經解)〉 편에서 이렇게 말하고 있다.

> "사람들로 하여금 (과거 인물들의) 언사(言辭)를 정교하게 연결하고 일을 비교하여[屬辭比事] 기리고 비판하는 것[襃貶]이 춘추의 가르침이다."

《춘추》를 편집한 장본인의 말이라는 점에 더욱 주목해주기를 바란다.

3가지 유형의 '군자의 말'

일을 통해 사람을 파악하고 다시 사람을 보아 일의 전개 과정을 미리 파악하는 문제의 차원에서 《춘추》와 《춘추좌씨전》을 읽게 되면 그 자체만으로 훌륭한 군자학이 된다. 즉, 군자란 어떤 사람인지를 가장 잘 보여주는 책이 바로 《춘추》와 《춘추좌씨전》이기 때문이다. 여기서는 군자학으로서의 《춘추좌씨전》 전체를 이야기할 수는 없고, 몇 가지 사례를 통해 왜 우리는 지금 군자학으로서

《춘추좌씨전》을 읽어야 하는지를 잠깐 보여주려고 한다.

《춘추좌씨전》의 저자를 《사기》나 《한서》 모두 공자와 같은 노나라 사람인 사관(史官) 좌구명(左丘明)으로 본다. 이 사람은 공자가 편찬한 《춘추》를 보완하여 이 책을 썼다. 공자의 언급은 아주 짧기 때문에 공자가 기록한 것은 물론, 기록하지 않은 것들도 보충하고 거기에 군자의 사평(史評)을 실었다. 이는 마치 《조선왕조실록》에서 사실을 기록한 다음 사관의 평이 실려 있는 것과 같다. 그런데 그 군자가 바로 좌구명 자신이다. 옛날 중국에서는 이런 식으로 해서 편찬자의 시각을 드러낸 것이다.

《춘추좌씨전》에서 '군자의 말'을 읽어내는 방식은 크게 세 가지다. 첫째는 명시적으로 "군자가 말했다"는 표현이 등장하는 방식이고, 둘째는 간접적으로 등장하는 방식이며, 셋째는 역사 속의 군자가 말을 하게 하는 방식이다. 이는 대단히 중요하기 때문에 좀 더 구체적으로 살펴보겠다.

① 좌구명이 군자로서 등장하는 경우

"정(鄭)나라 무공(武公)과 장공(莊公)이 대를 이어 (주나라 천왕인) 평왕(平王)의 경사(卿士)가 되었는데⊙ 평왕이 장공에게 주었던 정권을

⊙   경사는 주나라 최고 등급의 벼슬로 집권자다. 정나라 공이 천자의 나라 주나라의 정권을 잡았다는 뜻이다.

양분하여 괵(虢)나라의 공(公)에게 주려고 하자 정나라 임금이 평왕을 원망하였다. 평왕은 '그럴 뜻이 없다'고 말했다⊙. 그래서 주나라와 정나라가 서로 인질을 교환해 (평왕의) 왕자 호(狐)는 정나라의 인질이 되었고 정나라 공자 홀(忽)은 주나라의 인질이 되었다. 평왕이 죽은 뒤에 주나라 사람들이 괵공에게 정권을 맡기려고 하니 4월에 정나라 채족(祭足)이 군대를 이끌고서 온(溫) 땅에 침입해 보리를 빼앗고 가을에 또 성주(成周)에 침입해 벼를 빼앗으니 주나라와 정나라가 서로 미워했다."

이것은 《춘추좌씨전》 노나라 은공(隱公) 3년(기원전 720년)에 실려 있는 짤막한 사건이다. 무엇이 잘못된 것일까? 이 일을 군자라면 어떻게 인식하고 평가해야 할까? 이런 점들을 생각하며 군자의 말을 들어보자.

군자가 말했다. "믿음이 마음속[中]에서 나오지 않으면 인질[質]은 아무런 도움이 안 된다. 밝은 마음으로 서로의 입장을 받아들여[明恕] 일을 처리하고 그것을 예(禮)로써 다잡는다면 누가 감히 그 사이를 이간질하겠는가? 만일 마음이 밝고 믿음이 있다면[明信] 계곡이나 늪지에서 자라는 각종 풀들이나 각종 솥들과 고여 있는 물이나 흐르는 물도 모두 귀신에게 제물로 바칠 수 있고 왕공에게 올

⊙　　　이는 거짓말이다.

릴 수 있는데, 하물며 임금 된 자들이 두 나라 사이에 신의를 맺어 예로써 행한다면 또 인질이 어찌 필요하겠는가?"

짧지만 이 말에는 예(禮)의 중요성이 강조되어 있다. "밝은 마음으로 서로의 입장을 받아들여[明恕] 일을 처리하고 그것을 예로써 다잡는다"는 것이 바로 예로써 행하는 것이다. 진정한 마음만 있다면 세상 미물들도 얼마든지 신표로 쓰일 수 있는데, 굳이 자식을 인질로 했다는 것은 역설적으로 신의가 그만큼 약하다는 점을 지적한 것이다. 이것이 《춘추좌씨전》에 처음 등장하는 군자로서의 좌구명의 평이다.

② 좌구명이 간접적으로 등장하는 경우

———

"가을 7월에 천왕이 재[宰] 훤(咺)을 노나라에 사신으로 보내어 와서 (노나라) 혜공과 중자(仲子)의 부조(扶助)를 주었는데 그 시기가 늦었고, 또 자씨(子氏)는 아직 죽지도 않았는데 부조를 주었다. 그래서 이름을 기록한 것이다.[⊙] 천자는 7개월 만에 장사를 지내니 나라 안의 모든 제후들이 오고, 제후는 5개월 만에 장사를 지내니 동맹국들이 오고, 대부는 3개월 만에 장사를 지내니 같은 지위에 있는 관리들이 오고, 사(士)는 달을 넘겨 장사를 지내니 인척들이

⊙　《춘추》에서 공자가 혜공, 중자, 자씨의 이름을 기록한 이유를 설명하고 있다.

온다. 죽은 자를 위해 물품을 주되 장사 지내기 전에 이르지 못했고, 산 자를 조문하되 슬퍼할 때에 이르지 못했으며 흉사(凶事)를 미리 행했으니 예가 아니다[非禮]."

이것은 《춘추좌씨전》 노나라 은공(隱公) 원년(기원전 722년)에 실려 있는 짤막한 사건이다. 중자는 환공의 어머니인데 자씨가 곧 중자다. 따라서 혜공이 죽었을 때 물품을 제때 주지 못했고 살아남은 사람이 슬퍼할 때 미처 주지 못했으며 또 중자는 아직 죽지 않았는데 죽은 자에게 주어야 할 물품을 주었다는 것이다. 크게 보면 천자가 제후에게 실례(失禮)한 사례인데 "천자는 ~예가 아니다"까지가 사실상 군자, 즉 좌구명의 평이다. 평가의 잣대는 예(禮)임을 주목할 필요가 있다. 예란 단순히 예법이 아니라 일의 이치[事理]다.

③ 역사 속의 군자가 말을 하게 하는 경우

———

"(노나라 임금) 은공이 (대부인) 중중(衆仲)에게 '위나라 (공자인) 주우(州吁)가 성공하겠는가?'라고 묻자 답하기를 '신은 다움[德]으로써 백성을 화합시킨다는 말은 들었으나 어지럽힘[亂]으로써 백성을 화합시킨다는 말은 듣지 못했습니다. 어지럽힘으로써 백성을 화합시키려는 것은 실을 정리하려다가 엉키게 하는 것과 같습니다.

주우는 병력을 믿고 잔인한 짓을 편안히 해대니 병력을 믿으면 대중을 잃고 잔인한 짓을 편안히 해대면 가까운 사람들을 잃게 됩니다. 대중이 등을 돌리고 가까운 사람들이 떨어져 나간다면 성공하기 어려울 것입니다. 병력은 불과 같아서 억제하지 않으면 장차 자신을 불태우게 됩니다. 주우는 그 임금을 시해하고 그 백성을 포학하게 부리면서 아름다운 다움을 갖추는 데 힘쓰지 않고 도리어 어지럽힘으로써 성공하고자 하니 반드시 화난(禍難)을 면치 못할 것입니다."

이것은 《춘추좌씨전》 노나라 은공(隱公) 4년(기원전 719년)에 실려 있는 짤막한 사건이다. 여기서는 노나라 대부 중중(衆仲)이라는 군자를 등장시켜 앞일까지 예견하고 있다. 앞서 군자로서 좌구명의 평은 직접적이든 간접적이든 지나간 일에 대한 평가인 반면에 중중처럼 역사 현실 속의 군자가 말을 하게 될 경우에는 주로 앞일에 대한 전망이나 예견과 관련된다. 여기서도 인간 사회의 이치라 할 수 있는 예(禮)에 입각해 앞일을 예견하고 있다. 실제로 주우는 몇 달도 안 되어 위나라 사람에 의해 살해되었다.

예는 이처럼 오늘날 우리가 생각하는 예의나 예절, 예식을 훨씬 뛰어넘는 인간 사회의 보편적인 이치로 사용되고 있음을 확인할 수 있다. 이는 바로 이어지는 사례 탐구에서 좀 더 구체적으로 확인하게 된다.

이상에서 살펴본 것처럼 《춘추좌씨전》을 세 가지 관점에서 각기 읽어가게 될 경우, 인간사(人間史)의 측면보다는 인간사(人間事)의 측면에서 사람과 일을 이해하는 데 풍성한 길을 열어준다. 그 길은 다름 아닌 군자의 길이다.

'조짐'과 '기미'를 예견하는 법

―――

"기미[幾]를 아는 것은 아마도 신묘하다 할 것이다. 군자는 위로 사귀되 아첨하지 않고 아래로 사귀되 함부로 하지 않으니 이것이 바로 기미를 아는 것이다. 기미는 일이 일어나는 것이 은미(隱微)하다는 뜻으로 길함과 흉함이 먼저 나타난 것이다. 군자는 기미를 보고 일어나 하루가 끝나기를 기다리지 않는다."

《주역》〈계사전〉에 나오는 공자의 말이다. 앞에서 우리는 '삼가는 마음으로 일을 하라' 즉, 경사(敬事)에 대해 살펴보았다. 이런 마음 자세는 지난 일보다는 앞일과 더욱 관계된다. 특히 그 시작을 삼가 조심하여 계책을 잘 세워야 하는데, 그 전제 조건은 곧 현 상황을 정확히 진단하여 거기서 조짐이나 기미를 읽어내는 것이다. 물론 정확한 상황 진단을 위해서는 상황과 연결된 사람들에 대한 올바른 판단이 병행되어야 한다. 그래서 일은 사람의 일[人事]이고, 사람을 아는 것은 곧 일을 아는 것이 되는 까닭이다.

이제 좀 더 본격적으로 《춘추좌씨전》을 통해 '조짐'이나 '기미'를 먼저 알아차린다는 것이 무엇인지를 살펴보자. 주우의 문제점은 이미 위나라 내에서도 문제가 되고 있었다. 위나라 장공이 서출인 주우를 특히 총애해 그가 군대의 일을 좋아하는데도 금하지 않으니, 위나라 대부인 석작(石碏)이 장공에게 다음과 같이 간언하고 있다.

―――

"신이 듣건대 '자식을 사랑하되 의로운 방법으로 가르쳐서 사악한 길에 들지 않게 한다'고 했습니다. 교만과 사치와 음란과 방자함 [驕奢淫泆]은 바로 사악함이 생겨나는 곳이고, 이 네 가지가 찾아오게 되는 것은 총애의 지나침 때문입니다. 주우를 (임금으로) 세우고자 하신다면 즉시 그를 태자로 정하십시오. 만일 그리 하지 않으신다면 주우는 지나친 총애를 발판으로 화를 일으킬 것입니다. 대개 총애를 받으면서 교만하지 않고 교만하면서도 자신을 낮추며 억지로 자신을 낮추면서도 분통해하는 마음을 갖지 않으며 분통해하면서도 능히 자중할 수 있는 사람은 드뭅니다.

그리고 또 지위가 낮은 자가 높은 자를 방해하고 어린 사람이 어른을 능멸하며, 친족관계가 먼 자가 가까운 자들을 이간질하고 새로운 사람이 오래된 사람을 이간질하며, 약한 자가 강한 자를 올라타고 음란한 자가 도의를 갖춘 자를 파괴하는 것이 이른바 육역(六逆)이고, 임금은 의롭고 신하는 행실이 있으며 아비는 자애롭고

자식은 효도하며 형은 아껴주고 동생은 삼가는 것이 이른바 육순
(六順)이니, 육순을 버리고 육역을 본받는 것이 화(禍)를 속히 부르
는 까닭입니다. 임금 된 사람은 화를 없애는 데 힘을 써야 하는데
도리어 화를 부르시니 잘못된 것이 아니겠습니까?"

이것은 《춘추좌씨전》 노나라 은공(隱公) 3년(기원전 720년)에 나
오는 석작의 미래 진단이다. 여기서도 우리는 석작이라는 군자를
만나게 된다. 장공은 태자는 바꾸지 않고 주우를 계속 총애했다가
앞서 본 바대로 주우는 비명횡사하게 되었다. 여기서 말하는 육역
과 육순도 당연히 예(禮)다. 그런데 군자로서의 좌구명이 내리는
논평에도 미래에 대한 통찰이 들어 있는 경우가 있다.

———
"4월에 정나라 사람들이 위나라 목(牧) 땅에 침입해 동문(東門)의
전투를 보복하니 위나라 사람이 연나라 군대를 거느리고서 정나
라를 쳤다. 정나라의 채족(祭足), 원번(原繁), 설가(洩駕)가 삼군을 거
느리고서 연나라 군대의 전면을 공격하는 한편, (정나라 장공의 아
들인) 만백(曼伯)과 자원(子元)을 시켜 군사를 은밀히 이동하여 그 후
면을 공격하게 했다. 그러나 연나라 군사들은 앞에 있는 정나라의
삼군만을 두려워할 뿐 배후에 있는 제(制) 사람들에 대해서는 전혀
예측하지 못했다[不虞]. 6월에 정나라의 두 공자가 제 사람들을 거
느리고서 연나라 군대를 북제(北制)에서 대파했다. 이에 대해 군자

는 '뜻밖의 사태[不虞]에 대비할 줄 모르면 장수가 될 수 없다'고 말했다."

이것은 《춘추좌씨전》 노나라 은공 5년(기원전 718년)에 실려 있는 사건과 그에 관한 촌평이다. 여기서는 장수라고 했지만, 실은 모든 지도자에게 다 해당되는 말이다. 여기서 군자의 촌평은 다름 아닌 경사(敬事)가 왜 중요한지를 간명하게 보여준다는 점에서 주목할 만하다. 일의 조짐이나 기미와 관련된 사례 하나만 더 살펴보자.

———

"정나라와 식(息)나라가 말이 어그러진 문제로 인해 서로 불화하여 식나라 임금이 정나라를 치니 정나라 임금이 식나라 군대와 국경에서 전쟁을 했는데 식나라 군대가 대패하고 돌아갔다. 군자는 이 일로 인해 식나라가 장차 망하게 되리라는 것을 알았다. 다움[德]을 헤아리지도 않고 힘을 재보지도 않고 친족을 제 몸처럼 가까이 하지도 않고 말의 시비를 따지지도 않고 죄가 있는지의 여부를 따지지도 않았다. 이 다섯 가지 잘못을 범하고서 남을 공격했으니 군대를 잃게 되는 것은 진실로 마땅하지 않은가?"

이것은 《춘추좌씨전》 노나라 은공 11년(기원전 712년)에 실려 있는 사건과 그에 관한 촌평이다. 정나라와 식나라는 왕씨 성(姓)

이 같은 나라다. 그래서 친족을 제 몸처럼 가까이 하지 않았다고 말한 것이다. 실제로 식나라는 뒤에 가서 초나라에게 멸망하게 된다. 여기서 한 가지 지적해둘 점은 사람을 볼 때도 그렇고 일을 판단할 때도 그렇고 '무엇을 가지고[何以]' 보느냐 하는 것이다. 이 점이 훈련되지 않으면 사람이나 일 혹은 상황에 대한 판단이 올바를 수 없다. 사람을 보고 일이나 상황에 대한 판단을 훈련한다는 것은 하이(何以), 즉 판단의 실마리와 포착점을 제대로 잡아낸다는 것과 다를 바가 전혀 없다.

예(禮)를 모르면 비명횡사 당한다

공자가 앞세워 강조한 개념으로는 덕(德), 인(仁), 예(禮)가 있다. 그런데 공자는 부덕한 자, 즉 다움이 없는 자[不德]나 불인한 자, 어질지 못한 자[不仁]에 대해서는 그렇지 않은데 유독 예가 없는 자[非禮=無禮]에 대해서는 "비명횡사한다"고 말한다. 다소 섬뜩하기는 하지만 그 실상을 곰곰이 살펴볼 필요가 있다.

———
"자로는 제 명에 죽지 못할 것이다."

《논어》〈선진(先進)〉에 나오는 공자의 말로 뜻하는 바는 이렇다. 이 편은 제자들의 평소 모습을 전하면서, 민자건은 공자를 모실 때 온화하였고 자로는 굳세었고 염유와 자공은 강직하니 공자가 즐거워했다고 하고서 느닷없이 공자의 이 말을 싣고 있다. 그에 반해 민자건, 염유, 자공에 대해서는 아무런 언급이 없다. 타깃이 자로였던 것이다. 실제로 자로는 얼마 후 위나라 공회의 난 때 자신의 강직함이 독이 되어 비명횡사했다. 그렇다고 자로가 굳세기 때문에 비명횡사하게 되리라고 한 것이 아니다. 굳센 사람일수록 더욱 자신을 '예'로 다잡고 닦아야 하는데 자로는 그렇지 못한 인물이었기 때문이다.

자로의 이 같은 모습은 《논어》 곳곳에서 발견된다. 같은 〈선진〉에서 공자는 "자로는 거칠다"고 말하고 또 〈공야장〉에서는 자로가 "올바른 말이나 글을 들으면 그것을 곧바로 실천에 옮겨야 합니까?"라고 묻자 공자는 "부모 형제가 있는데 어찌 들었다고 해서 곧바로 실천에 옮길 수 있겠는가?"라고 말한다. 자로는 말보다 행동이 앞서는 인간형이었던 것이다.

자로의 문제점은 다름 아닌 예(禮)를 갖추려 하지 않는 데 있었다. 〈선진〉에서 공자가 제자들에게 유도 질문을 던진다. "평소에 너희들이 말하기를 '나를 알아주지 않는다'고 하는데 혹시 사람들이 너희를 알아준다면 무슨 일을 하고 싶은가?" 이에 자로가 경솔하게 가장 먼저 답한다. "전차(戰車) 일천 대를 가진 제후의 나라가 대국들 사이에 끼어 군사적 침략이 가해지고 그로 인해 기근이 들게 되거든 제가 그 나라를 다스릴 경우 3년이 지나면 백성들을 용맹하게 하고 또 의리를 향해 나아가는 법을 알게 해줄 수 있습니다." 이에 공자는 빙긋이 웃었다. 자로가 자리를 뜨고 나서 증석(曾晳)이라는 제자가 공자에게 왜 자로의 대답에 웃음을 지었냐고 말하자 "나라를 다스리는 것은 예(禮)로 해야 하는데 자로의 말이 겸양하지 않았기에 웃었다"고 말한다. 자로의 근본적인 문제점인 비례(非禮) 혹은 무례(無禮)를 곧장 지적하고 있는 것이다.

참고로 공자의 예에 관한 언급은《예기》〈중니연거(仲尼燕居)〉에 등장한다.

———

"예란 무엇인가? 그것은 곧 일을 다스리는 것[事之治=治事]이다. 군자는 어떤 일이 있으면 반드시 그것을 다스리게 되는데 나라를 다스리되 예가 없으면 비유컨대 장님에게 옆에서 돕는 자가 없는 것과 같다."

한마디로 자로가 일을 다스릴 줄 몰랐기 때문에 비웃었던 것이다. 공자는 그래서 자주 예양(禮讓)이란 말을 썼다. 일을 잘 다스리는 본질적 태도는 다름 아닌 삼감[敬]에 있기 때문이다.

〈양화(陽貨)〉에서 공자는 자로에게 이렇게 말한다. "유(由-자로)야, 너는 육언과 육폐에 대해 들어보았느냐?" 이에 자로는 "아직 들어보지 못했습니다." 하고 답했다. 그러자 공자는 이렇게 말한다.

"앉거라! 내가 너에게 말해주마. 어짊[仁]을 좋아하기만 하고 (그에 필요한) 배움은 좋아하지 않는다면 그 폐단은 어리석게 된다는 것이다. 사람을 평하고 논하기를 좋아하기만 하고 배움은 좋아하지 않는다면 그 폐단은 쓸 데 없는 데 시간과 노력을 탕진하는 것이 된다. 신의라고 하여 하나만 잡고서 배움을 좋아하지 않는다면 그 폐단은 잔인해진다는 것이다. 곧은 것을 좋아하고 배우기를 좋아하지 않으면 그 폐단은 너무 급해진다는 것이다. 용맹을 좋아하기만 하고 배우기를 좋아하지 않으면 그 폐단은 어지러워진다는 것이다. 강한 것을 좋아하기만 하고 배우기를 좋아하지 않으면 그 폐단은 경솔하게 된다는 것이다."6-1

배운다는 것은 곧 예를 배운다는 것, 즉 사리(事理)를 배운다는 것이다. 이 여섯 가지는 다 자로를 겨냥한 말이다. 동시에 예를 모르거나 배우려 하지 않는 사람의 문제점을 명확하게 정리하고 있다. 이런 폐단들이 쌓일 경우 그 사람은 생물학적 생명이건 사회적 생명이건 끝까지 유지하기가 힘들 것이라는 점은 지금의 우리로서도 얼마든지 알 수 있다.

이제 《춘추좌씨전》에 나오는 무례 혹은 비례와 비명횡사가 연결되는 사례들을 제대로 살펴볼 수 있는 눈을 갖게 되었다.

"겨울에 조나라 태자가 (노나라에) 와서 조현하자 상경(上卿)의 예로

접대했으니 예에 맞았다. 조 태자를 접대할 때 첫 술잔을 올리고 음악이 연주되자 태자가 한숨을 쉬니 (노나라 대부인) 시보(施父)가 말하기를 '조 태자에게 우환이 생길 것이다. 이곳은 탄식을 할 자리가 아니다'라고 했다."

이것은 《춘추좌씨전》 노나라 환공(桓公) 9년(기원전 703년)에 실려 있는 사건과 그에 관한 촌평이다. 그리고 얼마 후 조 태자는 임금에 올랐으나 이듬해 죽었다. 시보의 말대로 된 것이다.

이처럼 작은 행동의 그릇됨에서 그 사람의 미래를 읽어내는 사례는 얼마든지 볼 수 있다.

―――

"진나라가 정나라와 강화를 맺었다. 12월에 진나라 공자 오보(五父)가 맹약에 참가하기 위해 정나라로 가서 임신일에 정나라 임금과 결맹을 했는데, 피를 마실 때 마음이 맹약에 있지 않은 듯했다. 이를 본 (정나라 대부) 설가(洩駕)가 말하기를 '오보는 반드시 화를 면치 못할 것이다. 맹약을 신뢰하지 않는다'라고 했다. 정나라 양좌(良佐)가 맹약에 참가하기 위해 진나라로 가서 신사일에 진나라 임금과 결맹을 했는데 그 또한 진나라가 장차 어지러워지리라는 것을 알았다."

이것은 《춘추좌씨전》 노나라 은공 7년(기원전 716년)에 실려 있는 사건이다. 진나라 임금과 그 공자 모두 맹약에 진실된 마음을 두지 않는 것을 보고 정나라 대부인 설가와 양좌 모두 진나라가 곧 어지러워지리라 예단한 것이다. 그것은 진나라 임금과 공자가 예에 대한 신실한 마음을 보이지 않는 것을 읽어내고 그렇게 판단한 것이다. 물론 진나라는 얼마 안 가서 혼란에 빠졌다. 또 한가지 사례다.

———

"13년 봄에 초나라 막오(莫敖)가 나(羅)나라를 토벌하기 위해 떠날 때 투백비(鬪伯比)가 그를 전송하고 돌아와서 자신의 수레꾼에게 말했다. '막오는 반드시 패전할 것이다. 그가 발을 높이 들어 걸음을 걸으니 이는 마음이 단단하지 못하다는 증거다.' 그리고 초나라 임금을 찾아가 '반드시 군대를 더 보내주소서'라고 말했다. 그러나 더 이상 보내줄 군사가 없었으므로 초나라 임금은 거절했다. 내전으로 들어간 초나라 임금은 부인 등만(鄧曼)에게 이를 말해주니 등만은 이렇게 말했다. '대부(투백비)의 말은 (실제로) 군대를 더 보내라는 뜻이 아니라 임금께서 신의로 백성을 쓰다듬어주고 다움[德]으로 백관을 일깨우고 형벌로 막오에게 위엄을 보이라는 뜻입니다. 막오는 포소(蒲騷)의 전투에서 거둔 승리에 도취되어 장차자기 뜻대로 하고 반드시 나라를 경시할 것이니, 임금께서 그를억제해 어루만지지 않으시면 아마도 그는 대비책을 세우지 않을 것입니다. 저 투백비의 말은 임금께서 대중을 일깨워 잘 눌러 어루만지시고 백관을 불러 아름다운 다움으로 권면하여 그들이 막오를 만나게 되거든 하늘은 남을 경시하는 자를 용서하지 않는다고 말하게 하라는 뜻입니다. 그렇지 않다면 저 투백비가 어찌 초나라 군대가 남김없이 다 간 것을 모르겠습니까?' 이에 초나라 임금은 사람을 시켜 막오를 뒤쫓게 했으나 따라잡지 못했다."

일단 여기까지 끊어서 내용을 음미해보자. 투백비는 막오를 전송하는 과정에서 그가 평소보다 발을 높이 드는 것을 보았다. '무엇을 갖고서[何以]' 보았느냐고 했을 때 평소와 달라진 발걸음을 갖고서 그 속을 들여다본 것이다. 발을 높이 들었다는 것은 무언가 크게 만족한 마음에 거드름이 들어간 것이다. 그것은 곧 교만해진 마음[驕]이다. 그래서 그는 마음이 단단하지 못하다[不固]고 판단하고 임금을 찾아가 군대를 더 보내야 한다고 말했다. 그런데 이때 군대를 더 보내야 한다는 말은 병사들의 추가 투입을 의미하는 것이 아니다. 바로 뒤에서 등만은 "초나라 군대가 남김없이 다 간 것을 모르겠습니까?"라고 말하고 있기 때문이다.

결국 군대를 더 보내야 한다는 말은 초나라 임금이 더욱 정성을 다해 백성들을 챙기고 백관들을 이끌어 막오로 하여금 함부로 하지 않게 하는 것을 뜻한다. 아둔한 초나라 임금은 뛰어난 시혜를 가진 등만의 말을 듣고서야 겨우 깨닫고 막오를 뒤쫓게 했으나 따라잡지 못했다. 그 후 일은 어떻게 되었을까? 당연히 투백비와 등만의 걱정대로였다.

"막오는 사람을 시켜 군중(軍中)에 명하기를 '간언하는 자는 형벌을 받게 될 것이다'라고 하고 군대를 거느리고 언수(鄢水)에 이르러 어지러이 물을 건넜으며, 물을 건넌 뒤에도 대오를 차례에 맞게 하지 않고 또 대비책도 세우지 않았다. 이런 상태로 나나라에 이르니 나나라 군대와 남쪽의 야만족인 노융(盧戎)이 양쪽에서 협공하여 막오의 군대를 크게 깨뜨렸다. 막오는 황곡(荒谷)에서 목매어 죽고 장수들은 야보(冶父)에서 스스로 갇혀 초나라 임금의 처벌을 기다렸다. 초나라 임금은 '이는 나의 죄다'라고 하면서 장수들을 모두 용서해주었다."

그나마 초나라 임금은 뒤늦게라도 등만의 말을 듣고서 깨달았고 전쟁의 패배 책임을 자신에게 돌릴 줄 알았으니 중간은 되는 인물이라고 하겠다. 이제 정리해보자. 〈중용〉에는 다음과 같은 구절이 나온다.

"오직 천하제일의 빼어난 임금만이 능히 귀 밝고 눈 밝고 사리에 밝고 사람에 밝아[聰明睿知] 족히 '제대로 된 다스림[臨]'이 있게 된다."

즉, 총명예지(聰明睿知)가 있어야만 빼어난 리더가 될 수 있다는 뜻이다. 그중에 지(知)는 바로 '지인지감(知人之鑑)'이었고, 지금까지 설명한 예(睿), 즉 사리에 밝음이 있다. '사리(事理)에 밝다'는 것은 풀면 일이 되어가는 이치에 밝다는 것이다. 일을 (할 줄) 아는 사람[知事者]인 것이다. 리더는 일을 하는 사람이라는 점에서 지인(知人) 못지않게 지사(知事)에도 능해야 하는 것이다.

7강.

일을 알고 하는 것,
모르고 하는 것

세종이 일을 삼가는 법

풍수(風水)에 대한 세종의 조예는 만만치 않았다. 즉위한 첫해였던 1418년 이미 풍수에 대한 식견을 보여주는 기사가 나온다. 11월 3일 신하들에게 이렇게 말하고 있다.

> "태실(胎室)⊙의 돌난간을 설치하면서 땅을 파서 지맥(地脈)을 손상시켰으니, 지금 진주의 태실에는 돌난간을 설치하지 말고, 다만 나무를 사용하여 난간을 만들었다가 썩거든 이를 고쳐 다시 만들 것이다. 이를 일정한 법식으로 삼을 것이다."

물론 풍수에 대한 세종의 집중적인 관심은 신병이 악화되던

⊙   옛날 왕가에 출산이 있을 때 그 출생아의 태를 묻던 석실(石室). 태봉(胎封)이라고도 한다.

세종 15년(1433년) 7월 이후부터의 일이라는 것이 이숭녕의 견해다. 그는 "신하들의 반대에 봉착하면 소극적인 태도나 부정적인 태도로 변명하나 내심은 그렇지 않은 듯한 행동에서 드러난다"라고 지적했다. 세종의 이런 태도는 비단 풍수 문제뿐만 아니라 앞서 보았던 불교 문제에서도 똑같았다. 그것이 세종이 신하들과의 논쟁을 풀어가는 특유의 스타일이었다.

〈세종실록〉에서 간헐적으로 나오던 풍수 관련 언급이 이숭녕의 말처럼 실제로 세종 15년 7월이 되면 집중적으로 등장한다. 자신의 부모를 모신 헌릉의 풍수적인 적합성과 관련해 세종은 7월 7일 승정원에 다음과 같은 지시를 내리고 있다.

———
"역대의 거룩한 임금은 (서로 다른 학문 세계에까지도 두루) 통하지 않음이 없었다. 그러므로 천문 지리까지도 이치를 모르는 것이 없었고, 설사 뛰어나지 못한 임금의 경우 천문 지리의 이치를 몸소 알지는 못하더라도 아래에서 그 직무를 받들어 세대마다 각기 인재가 있었으니, 진나라의 곽박과 원나라의 순신(舜臣)이 그러했고 우리나라도 도읍을 건설하고 능 자리를 정하는 데 모두 술수(풍수) 전문가의 말을 채용해 왔다. 지금 헌릉 내맥(來脈, 풍수상 서로 연결된 과정이나 경로)의 길을 막는 일에 있어서 이양달과 최양선 등이 각기 제가 옳다고 고집하여 분분하게 굴어 정하지 못하고, 나도 역시 그런 이치를 알지 못하기 때문에 그 옳고 그름을 결단하지 못하겠다. 장차 집현전의 유신들을 데리고 이양달과 함께 날마다 그 이치를 강론하겠으니, 지리에 밝은 자를 널리 선택하여서 보고 하게 하라."

여기에는 약간의 배경 지식이 필요하다. 이 문제는 34년 동안 계속된 이른바 '헌릉단맥(獻陵斷脈) 논쟁'의 연장선에서 나온 이야기다. 지금의 서울 내곡동에 헌릉의 자리를 잡은 이는 이양달이었다. 세종 14년(1432년) 세종에 의해 문신 출신이 아니면서도 1품에 해당하는 서운관 판사에 제수된 당대 최고의 풍수 전문가였다. 그런데 이양달과 함께 당시 풍수의 양대 산맥 중 한 사람인 최양선이 상소를 올려 무덤 뒤의 고개로 사람과 우마차가 계속 이용하게 되면 맥이 끊길 수 있으니 사람의 통행을 막아야 한다고 주장한 것이다. 그러나 풍수를 불신하는 신하들은 그렇게 할 경우 백성들의 통행에 불편을 줄 수 있기 때문에 반대했다. 이런 와중에 세종은 이 문제를 다른 곳도 아닌 집현전에서 유신들과 함께 풍수를 강론하겠다고 밝힌 것이다.

신하들은 당연히 거세게 반발했다. 경연이 어떤 자리인가? 단적으로 말하자면 신하들이 유학의 세계관을 임금에게 '주입'시키는 곳이라고 할 수 있다. 지신사 안숭선 등은 '거룩한' 유학을 논하는 경연의 자리에서 풍수가 될 말이냐며 부정적인 의견을 내놓았다. 그러나 세종은 이에 굴하지 않고 "이단이라도 그 근원을 캐

보아야겠다"며 강력한 의지를 보인다. 신하들도 세종의 강력한 뜻을 거스르지 못한 듯 7월 9일자에는 이런 기록이 나온다.

"영의정 황희, 예조판서 신상, 지신사 안숭선 등에게 명하여 목멱산(남산)에 올라서 산수(山水)의 내맥을 탐지해보고 풍수학 하는 이들을 시켜 최양선의 말을 서로 변론하게 하니, 이양달, 고중안, 정앙은 백악(白岳)을 현무(玄武)라 하여 경복궁의 터가 명당이라 하고, 이진, 신효창의 말은 최양선과 같은지라·황희 등이 화공을 시키어 삼각산(북한산)의 지형을 그림으로 만들어 올리게 하고, 풍수학하는 이들을 시켜 각기 소견을 써서 올리게 하여 곧 집현전으로 내려 보냈다. 당시 사람들은 이진과 신효창 등이 가만히 최양선을 사주하여 지리의 요망한 학설을 가지고 자신의 승진에 이용하려 한다고 비평하였다."

그런데 이 건은 이양달과 최양선의 또 다른 논쟁과 결부된 사안이다. 소위 '경복궁 명당 논쟁'이다. 이양달 쪽은 경복궁이 명당이라는 기존의 학설을 견지했고, 최양선은 그것을 부정하고 다른 곳이 명당이라고 주장했다. 결국 경복궁을 계속 주궁으로 삼을 경우 자손이 쇠해진다고 덧붙였다. 세종으로서는 귀 기울이지 않을 수 없었다. 이 논쟁이 진행되는 와중에 풍수, 지리 등을 관장하는 예조참판 권도는 이런 논쟁 자체가 한갓 망령된 술수에 지나지 않는다고 비판했다가 세종의 노여움을 사기도 했다. 그만큼 세종은 풍수에 나름의 의미가 있다고 보았다.

다음날 세종은 다시 한 번 자신이 지리에 관한 이론으로서의 풍수에 대해 관심을 갖는 이유를 대언들에게 상세하게 설명하고 있다.

"저번에 지리서를 보려고 하였으나 그다지 내키지는 않았고, 그래서 경 등의 말을 듣기만 하였다. 그러나 지리의 설은 비록 다 믿을 수는 없지만 또한 다 없앨 수도 없는 것인데, 천문은 높고 멀어서 알기는 어려우나, 그러나 널리 퍼져 있는 것 또한 분명하다. 지리에서는 맥과 형세가 심히 복잡하여서 진실로 정밀하게 살피지 아니하면 그 요령을 알기 어려운지라, 옛날 곽박(郭璞)은 전문으로 술수를 숭상하였으나 제 목숨도 좋게 마치지 못하였으매, 후세에서 허황하다고 지칭하지만, 소자첨(蘇子瞻)은 그 어머니를 숭산(崇山, 중국의 명산)에 장사지냈고, 주원회(주자)는 자기가 묻힐 땅을 미리 정하였으니, 통달한 선비와 큰 현인도 역시 이것을 싫어하지 아니하였거든, 하물며 우리 조종께서도 도읍을 건설하고 능소를 정하는 데 모두 지리서를 이용하셨음에랴. 그러므로 내가 유신(儒臣)으로 하여금 그 요령을 강구하여 밝히게 하겠다."

세종의 풍수에 대한 애착에 사헌부는 7월 26일 상소를 올려 정면으로 비판했다. 예조참판 권도와 비슷한 맥락에서다. 그중 일부다.

———

"지리의 술법은 요사하고 궁벽하며 지리하고 망령된 것이어서 성경(聖經) 현전(賢傳)에 보이지 아니하고, 유식한 선비가 모두 말하기를 부끄러워하는 바입니다. 옛말에 군자는 복을 구하여도 굽은 길로 하지 아니한다 하였습니다. 이제 최양선과 이진 등이 좁고 옹색한 편견으로 지리를 약간 배워 가지고서 그것을 매개로 승진할 욕심으로 글을 올려 망령하게 궁궐의 이해(利害)를 말한 일이 있습니다. 이같이 무엄하고 망령된 무리를 죄를 주지 아니하면 요망한 말과 괴상한 행위로 술법을 내세워 승진을 희망하는 무리가 잇달아 나올 것이 깊이 두렵사옵니다. 신효창(申孝昌) 역시 거짓 술법하는 자의 당파가 되어 이러니저러니 좋으니 궂으니 말이 많사오니 아울러 죄로 다스리시고, 글 하는 선비들에게 분명히 명을 내려 거짓 술법을 배우지 못하게 하시어 풍속을 철저히 다스리신다면 다행으로 알겠습니다."

그러나 세종은 이에도 전혀 굴하지 않고 오히려 신하들에게 좀 더 깊이 있게 공부한 다음에 판단하라는 식으로 반박한다.

———

"그대들이 언관으로서 본 바와 들은 바를 말로 하여 아뢰니 매우

가상하게 생각한다. 그러나 지리의 논설을 배척함은 너무 과하지
않은가. 세상 사람들이 집을 짓고 부모를 장사지낼 때에 모두 지
리를 쓰고, 또 우리 태조 태종께서도 도읍을 건설하고 능침을 경
영하심에 모두 지리를 쓰셨는데, 어찌 그대들이 아뢴 말과 실제
행한 것이 서로 다르냐. 이는 말과 행위가 틀린 것이다. 또 최양선
은 자기가 공부한 것을 임금에게 진술하였으니 충성된다고 말하
는 것이 옳을 일이지, 요망한 말과 괴상한 술법이라고 논하여 죄
를 다스리려 함은 무슨 까닭이냐.”

풍수를 둘러싼 신하들과의 논쟁에서 세종은 답답함을 넘어
화가 치밀었던 것 같다. 그것은 단순히 풍수에 대한 선호(選好)의
문제라기보다는 사물의 이치를 규명하는 데 있어 유학이라는 틀에
서 한 걸음도 벗어나지 않으려는 신하들의 편협한 세계관에 대해
세종은 혐오에 가까운 감정을 갖고 있었기 때문이다.

———
“사헌부에서 지리의 술법은 요괴하고 허망하여 경전에 보이지 아
니하므로 유식한 선비들이 모두 말하기를 부끄러워하는 것이라
하였으니, 이 말은 과한 것이다. (중략) 최양선이 공부한 바를 가지
고 숨김없이 극력 말하는 것은 충성이겠거늘, 어찌 그것을 매개로
승진하려 한다고 논란하여 죄책을 가하려고 하는가. 하물며 임금
으로서는 포용하는 것으로 아량을 삼는 것이어서 비록 꼴(목초) 베

는 사람의 말이라도 반드시 들어보아서 말한 바가 옳으면 채택하여 받아들이고, 비록 맞지 아니하더라도 죄를 주지 않는 것이 아래의 사정을 얻어 알고 자신의 총명을 넓히게 되는 것인데, 이제 말을 올린 사람을 죄를 주려 하는 것은 나로 하여금 아래의 사정을 듣지 못하여 몽매한 데로 빠지게 하자는 것이냐. 대간의 말이 과연 이래도 되는 것인가. 하물며 신효창은 내가 가서 보라고 명령했는데 그것도 승진을 희망해서 그리 한 것이냐.

또 경복궁은 명당에 물이 없으므로 개천을 파고 나무를 심으려 하는 것인데, 이것이 나라에 유익한 것이 아니냐. 근일에 혹은 글을 올리어 양선을 배척하는 자도 있고, 혹은 정면에서 비난하는 자도 있어 내가 매우 그르게 여겼다. 그런데 대사헌은 국가의 대체도 알고 또 친히 나의 말을 들었으면서 어찌 일의 앞뒤를 생각지 않고 급작스레 이따위 글을 올려 아뢰는가. 만일 집현전에서 풍수학을 강습한다면 그것은 그르다 할 것이다. 그런데 풍수학을 규명하는 것이 어찌 유자(儒者)의 분수를 넘어서는 일인가."

여기서 우리는 '일'하려는 임금과 '말'만 하려는 신하의 충돌을 보게 된다.

상진(尙震)의 도량이 말하는 것
고려를 세운 왕건과 조선을 세운 이성계는 두 말할 것도 없이 우리 민족의 첫손 꼽히는 명장이다. 사실 왕건과 이성계는 둘다 무인이었다는 것 말고도 공통점이 많다. 두 사람 모두 독실한 불교신앙을 갖고 있었다. 왕건에게는 도선이라는 큰스님이 있었고, 이성계에게는 무학이 있었다.

도선과 무학 모두 풍수에 밝았다. 무인과 불교, 풍수는 그 성격상 서로 어울릴 수밖에 없었다. 특히 난세의 무인은 직업상 하루에도 몇 번씩 생사를 넘나들어야 한다. 사생관(死生觀)을 세우는 데 유교나 유학보다는 불교가 훨씬 피부에 와 닿았을 것이다. 또 당시 전쟁에서는 천문과 지리, 인심이 3대 핵심 요건이었다. 그중에서 지리를 아는 데 풍수만 한 것은 없었다. 당시 왕건이나 이성계에게 풍수는 다름 아닌 군사지리학이었던 것이다. 이런 두 사람이 갖고 있었던 또 하나의 공통점은 적이라도 감싸 안는 포용력이었다.

아들 이방원에 의해 처참한 말로를 맞긴 했지만 이성계는 마지막 순간까지 고려를 지키려 했던 정몽주를 끌어안기 위해 부단히 노력했다. 그런 이성계도 조선을 세운 후에 끝까지 자신을 따르려 하지 않았던 개경의 올곧은 선비들을 미워하여 "개경의 선비는 100년 동안 과거를 보지 못하도록 하라"는 명을 내렸다.

《택리지》를 쓴 이중환에 따르면, 그 바람에 개경 사람은 선비로서 학업을 닦지 않고 장사로써 생업을 삼아 조선시대 개경에는 사대부라는 이름까지 없어졌다고 말한다. 포용력만 놓고 보자면 왕건이 이성계보다 훨씬 윗길이었다. 군사적 우위를 확보하고 서도 후백제나 신라가 투항해 올 때까지 무던히도 기다렸던 그다. 결국 후백제는 내분으로 붕괴되었고, 신라는 경순왕이 머리를 숙이고 들어왔다. 그래야 후백제나 신라의 백성이 새 나라의 통치를 받아들일 것으로 본 미래 통찰이었다. 그런 왕건도 도저히 용서 못할 사람들이 있었다. 후백제의 충청도 목천 사람이었다.

조선 성종 때 양성지, 노사신, 강희맹, 서거정 등이 편찬한 지리서《동국여지승람》에 따르면 목천 사람들이 끝까지 투항을 하지 않고 버티자 돈(豚), 상(象), 우(牛), 장(獐) 등과 같은 희귀 성을 부여했다. 말 그대로 돼지, 코끼리, 소, 사슴의 동물 이름을 내린 것으로 그만큼 왕건의 노여움이 컸다는 뜻이다. 물론 그 후에 한 자만 바꿔 돈(豚)은 돈(頓)으로, 상(象)은 상(尙)으로, 우(牛)는 우(于)로, 장(獐)은 장(張)으로 사용하게 된다. 이들 네 성은 모두 목천을 본관으로 한다. 그밖에 목천을 본관으로 하는 마(馬)씨가 있다. 아동문학가로 유명한 마해송이 바로 이 목천 마씨다. 그러나 마씨는 그 전부터 있던 성이었다.

목천을 본관으로 하는 이 네 성은 멸문지화(滅門之禍)에 가까운 고초를 겪은 탓인지 고려 때는 말할 것도 없고 조선시대에도 이렇다 할 인물을 찾기가 힘들다. 그 유일한 예외가 명종 내 영의정까지 오르게 되는 상진(尙震, 성종 24년~명종 19년, 1493~1564)이다. 상진은 현대적 맥락에서 재조명을 필요로 하는 인물이다. 어떤 하나의 틀에 담아낼 수 없는 그의 자유분방함 때문이다. 그러면서도 대립하는 의견을 능수능란하게 조화시켜 가는 보기 드문 정치력을 보여주었다. 의리(義理) 일변도의 성리학적 잣대로 보자면 높은 점수를 받기 어려운 인물일 수도 있다. 이수광은 《지봉유설》에서 '상진의 인품과 도량'이라는 별도의 항목을 설정해 이렇게 말한다. "정승 상진은 인품과 도량이 넓고 커서 일찍이 남의 장단점을 말하는 일이 없었다." 당시 육조판서를 두루 지낸 오상(吳祥, 중종 7년~선조 6년, 1512~1573)이 이런 시를 지었다.

————

義皇樂俗今如掃 / 只在春風杯酒間

(희황락속금여소 / 지재춘풍배주간)

뜻은 대략 '복희씨 시대의 음악과 풍속은 지금 쓸어낸 듯 없어져버렸고/ 다만 봄바람 부는 술자리에만 남아 있구나'라고 할 수 있다. 이 시를 본 상진은 "어찌 말을 그렇게 야박하게 하는가"라며 첫 구의 마지막 두 자와 둘째 구의 앞부분 두 자를 고쳐 이렇게 읊었다.

————

義皇樂俗今猶在 / 看取春風杯酒間

(희황락속금유재 / 간취춘풍배주간)

'복희씨 시대의 음악과 풍속이 지금도 남아 있어/ 봄바람 부는 술자리에서 찾아볼 수 있네!' 세상을 보는 시각은 말할 것도 없고 스케일이 달랐던 것이다. 이수광이 상진의 '도량'을 보여주기 위해 이 일화를 고른 것도 그 때문일 것이다. 한마디로 상진은 그릇이 큰 인물이었다.

상진은 이익이 《성호사설》에서 밝힌 대로 '벼슬길에 오른 사람이 하나도 없는 한미한 가문'에서 태어났다. 아버지 상보(尙甫)는 역참을 돌보던 종6품 찰방에 오른 것이 전부였다. 자기 집안의 한미함을 누구보다 잘 알고 있었던 상진은 글 읽기는 내팽개치고 말타고 활 쏘는 데만 열중했다. 무인이 되려 했는지도 모른다. 그러나 스무 살이 다 되어서야 주변 친구들이 자신을 업신여기는 것을 알고 공부를 시작해 다섯 달 만에 글 뜻에 익숙해지고 열 달 만에 문리(文理)가 통했다고 한다. 그래서 스물다섯 살 무렵 문과에 급제해 관리의 길에 들어설 수 있었다. 이후 상진은 중종의 극진한 총애를 받아 여러 차례 특진을 했다. 그 바람에 견제도 많이 받았다. 무엇보다 상진은 이재(吏才)가 뛰어났다. 오늘날로 말하면 행정 능력이 특출했다는 말이다. 더불어 시국을 한 걸음 물러서서 보는 여유를 갖고 있었다. 훈구보다는 사림과 가까우면서도 기묘사화나 을사사화를 비켜갈 수 있었던 것은 그 때문이었는지도 모른다.

기묘사화가 터지기 전 그가 사마시에 급제해 성균관에서 공부할 때였다. 선비들이 유난히 티를 내며 몸가짐을 삼가는 척을 하자 상진은 못마땅하게 생각했다. 자유인 상진의 기질이 유감없이 발휘되는 순간이었다. 실록은 "상진은 성균관에서 공부할 때 일부러 관(冠)을 쓰지 않고 다리도 뻗고 앉아서 동료들을 조롱하고 업신여기었다"고 적고 있다. 얼마 후 문과에 급제하여 당대의 명상 정광필을 찾아가 인사를 올리자 정광필은 주변 사람에게 "게으른 정승이 나왔다"고 칭찬을 했다고 한다.

중종 때 공조, 형조, 병조 등의 판서를 두루 거친 상진에게도 명종 즉위와 함께 시작된 문정왕후와 윤원형의 시대는 만만치 않았다. 상진은 그러나 현실 권력과 타협했고 덕분에 명종 즉위와 함께 다시 병조판서에 임명되었다. 이후 이조판서를 거쳐 명종 6년 좌의정에 오른다. 그 때문에 상진이 문정왕후와 윤원형에게 '아부했다'는 비판이 종종 제기되기도 했다. 그러나 자신의 영달을 위해서가 아니라 백성을 위한 정치를 펼치려는 원려심모(遠慮深謀)임을 당대의 식자들은 다 알고 있었기에 직접적인 비판을 하지 않았다. 오히려 "세종 때의 황희와 허조를 잇는 명상(名相)"이라는 찬사가 많았다. 현실 권력과의 타협에도 불구하고 그에게 '권간(權奸)'이라는 비난이 쏟아지지 않은 또 하나의 중요한 이유는 청렴(淸廉)이었다. 이와 관련된 일화도 수없이 많다. 그중 하나를 소개하자면, 하루는 창고가 허물어지려 하자 종들이 수리를 하고자 했다. 상진은 그만두라면서 이렇게 말했다. "너희들이 고쳐 세운들 그것을 무엇으로 채우려 하는고?" 창고는 무너져버렸다. 그랬기 때문인지 상진은 세상의 굴곡(屈曲)을 수용하는 자신의 처신을 조금도 부끄럽게 생각하지 않았다.

동갑내기 친구이자 중종 때 잘나갔던 사림 계열의 송순이 윤원형 세력과 충돌하면서 고난의 세월을 보내고 있을 때였다. "자네는 어찌 이리 침체되고 불우한가?" 이에 송순은 "내가 자네처럼 목을 움츠리고 바른말을 하지 않았으면 벌써 정승의 지위를 얻었을 것이네"라고 반박했다. 이에 상진은 "자네가 바른말 하지 않는 나를 비난하지 않는 것은 참으로 옳다. 그러나 불평스러운 말을 많이 하여 이리저리 귀양 다니는 것이 무슨 맛이 있는가"라며 웃었다.

상진은 죽음을 맞아 자식들에게 당부했다. "묘비는 세우지 말고 짤막한 갈(碣)을 세워 '공은 늦게 거문고를 배워 일찍이 감군은(感君恩) 한 곡조를 연주하였다'고만 쓰면 족하다." 그는 세상을 바로잡겠다며 오히려 더 큰 혼란을 불러오던 위선과 가식의 식자들을 조롱하며 살다가 간 인물인지도 모른다.

그런 점에서 상진은 공자가 극찬했던 유하혜(柳下惠)⊙를 떠올리게 한다. 《논어》의 말미인 〈미자(微子)〉에 유하혜와 관련된 이야기가 나온다.

⊙　　　춘추전국시대의 대표적인 군자. 공자는 '도덕이 고상하고 예절을 지킬 줄 아는 군자'라고 인정했으며, 맹자는 그를 '조화로운 성인'이라는 뜻의 '화성(和聖)'이라고 불렀다.

유하혜라는 사람이 재판관이 되어 세 번이나 내침을 당하자 사람들이 물었다.

"그대는 지금이라도 떠나갈 수 있지 않은가?"

이에 유하혜가 대답했다.

"(내) 도리를 곧게 하여 남을 섬기게 되면 어디를 간다 한들 세 번 내침을 당하지 않겠으며, 도리를 굽혀 남을 섬긴다면 어찌 굳이 부모의 나라를 떠날 필요가 있겠는가?"[7-1]

유하혜는 언행이 독실했기 때문에 뜻을 굽히고 몸을 욕되게 했다는 과오에도 군자로 볼 수 있다는 것이 공자의 생각이다. 유하혜는 공자와 같은 노나라 사람으로 도척(盜跖)의 형이다. 도척은 이름 그대로 큰 도둑이었다. 상진을 떠올리지 않을 수 없다.

일을 알고 하는지, 거듭 되묻다

《조선왕조실록》을 통해 황희를 직접 접했을 때 받은 인상은 의외로 당혹감이었다. '이것도 옳고 저것도 옳고' 식의 능수능란, 우유부단의 황희는 없었기 때문이다. 그것은 그저 결과론적인 초상화의 한 단면이고 위인전식 인물 서술의 폐단에 지나지 않는다. 당혹감의 이유는 다름 아닌 그의 지나칠 정도의 과단성 혹은 곧은 성품 때문이었다.

황희는 27세 때인 고려 말이었던 1389년 문과에 급제해 관리의 길에 들어섰다. 남들보다는 조금 늦은 나이였다. 아직 어렸기 때문에 조선 개국 과정에서의 격랑에는 휩쓸리지 않았고 잠깐 벼슬길에서 물러났던 그는 1차 왕자의 난이 일어나기 직전에 언관으로 있었는데, 태조 7년(1398년) 7월 5일 태조 이성계가 "직책에 충실하지 않고 사사로이 나라 일을 의논했다"며 함경도 경원의 교수관으로 내쫓았다. 거의 유배에 가까운 좌천이었다. 이때까지만 해도 아부와는 거리가 멀었던 성품이 그대로 드러날 때였기 때문에, 아마도 당시 실세이던 정도전이나 남은에게 살갑게 처신하지 못한 때문인지도 모른다.

　　1차 왕자의 난은 결국 그의 인생을 바꿔놓았다. 그와 가까운 박석명(朴錫命)이 태종의 심복으로 지신사(知申事, 비서실장)로 있다가 병이 들자 자신을 대신할 인물로 황희를 천거하고서 얼마 못 가 세상을 떠났기 때문이다. 태종 5년(1405년) 6월 지신사에 오른 황희는 얼마 안 가서 태종으로부터 박석명 못지않은 총애를 받았다. 황희로서는 처음으로 지우(知遇), 즉 자신을 알아주는 이를 만난 것이다. 실록은 당시 모습을 이렇게 전하고 있다.

──────

　　"후하게 대우함이 비할 데가 없어서 기밀사무(機密事務)를 오로지 다하고 있으니 비록 하루 이틀 동안이라도 임금을 뵙지 않는다면 반드시 불러서 뵙도록 했다."

그런데 그의 졸기(卒記)에는 앞서 그가 정도전이나 남은에게 살갑게 처신하지 않았을 가능성이 크다는 것을 보여주는 중요한 언급이 나온다.

"훈구대신(勳舊大臣)들이 좋아하지 아니하여 혹은 그 간사함을 말하는 사람이 있기도 하였다."

하륜도 그를 좋아하지 않았고 태종의 처남인 민무구와 민무질 또한 마찬가지였다. 그는 오직 임금에게만 충성을 바쳤다. 결국 처남들을 제거할 때 비밀리에 일을 처리한 인물들로 실록은 이숙번(李叔蕃), 이응(李膺), 조영무(趙英茂), 유량(柳亮)과 더불어 황희도 포함시키고 있다. 정치적으로 민감한 사안에도 깊이 간여했던 것이다.

4년 후인 태종 9년(1409년) 황희는 의정부 참지사(參知事)로 자리를 옮긴다. 본격적으로 의정 활동을 하는 정승을 향한 첫걸음을 내디딘 것이다. 그리고 곧바로 의정부 지사로 승진했다. 태종 11년 전후에는 형조판서, 대사헌, 병조판서 등을 지냈다. 이것은 누가 보아도 태종이 황희를 키우고 있는 것이다. 그 후 예조판서로 옮겼고 한성부 판사로 있을 때인 태종 18년(1418년) 그의 생애에서 가장 큰 위기가 찾아온다. 폐세자를 전면에서 반대하다가 결국 세자에게 아첨하려 한다는 죄를 얻은 것이다. 평소 그를 못마땅하게 보아온 조정 대신들은 거의 그를 죽일 듯이 탄핵 공세를 했다. 그러나 구상은 이미 태종의 머릿속에 들어 있었다.

———

"사람들이 모두 황희를 간사하다고 하나, 나는 간사하다고 생각하지 않고 심복(心腹)에 두었는데 이제 김한로의 죄가 이미 발각되고 황희도 또한 죄를 면하지 못하니, 지금이나 뒷날에 곧 그 사실을 알게 될 것이다. 황희는 이미 늙었으니 오로지 세자에게 쓰이기를 바라지는 않겠으나 다만 자손(子孫)의 계책을 위해서 세자에게 아부하고 묻는 데 바른 대로 대답하지 않았기 때문에 이제 폐(廢)하여 서인(庶人)으로 삼았으니, 인신(人臣)으로서 어찌 두 가지 마음을 가지고 있겠느냐?"

그럼에도 태종은 "그대의 간사함을 미워한다"며 경기도 교하로 유배를 보냈다가 끝내 충녕대군으로 세자가 교체되자 전라도 남원으로 멀리 내쫓았다. 그리고 4년 후인 세종 4년(1422년) 2월, 상왕 태종은 황희를 한양으로 불러올리고 복직시켰다. 게다가 어린 세종에게 "황희를 중용하라"고 당부하고 그해 5월 태종은 세상을 띠났다.

사실 세종의 입장에서 황희는 불쾌한 존재였다. 어떤 이유에서건 자신의 세자 즉위를 가장 앞장서서 반대한 신하였기 때문이다. 10월에 세종은 황희를 한직인 의정부 참찬에 임명했다. 이런 황희에게 뜻밖의 기회가 찾아왔다. 이듬해 7월 강원도에 혹심한 기근이 들었는데, 당시 관찰사 이명덕이 구황과 진휼의 계책을 잘 못 써서 백성들의 고통이 심화되었다. 이에 세종은 당시 61세이던 황희를 관찰사로 임명해 기근을 구제하라는 특명을 내렸고, 놀라울 정도로 단기간에 강원도 민심을 안정시켰다. 이때부터 황희는 일을 통해 세종의 신임을 차곡차곡 쌓아나갔다.

당시 그가 맡았던 관직은 이를 말해준다. 판우군도총제(判右軍都摠制)에 제수되면서 강원도 관찰사를 계속 겸직했다. 세종 6년(1424년) 의정부 찬성, 이듬해에는 대사헌을 겸대하였다. 또한 세종 8년(1426년)에는 이조판서와 찬성을 거쳐 우의정에 발탁되면서 병조판서를 겸직했다. 이제 건강만 허락한다면 그가 최고의 실세인 좌의정이 되는 것은 시간문제였다.

여기서 우리는 이원(李原)이라는 인물을 떠올려야 한다. 만일 그가 계속 좌의정으로서 업무를 잘해냈다면 어쩌면 '명재상 황희'는 없었을지도 모르겠다.

이원은 아버지 태종의 신하이자 세종 또한 크게 신뢰했던 인물이다. 세종 1년 사실상 인사권을 장악하고 있던 상왕 태종은 좌의정에 박은, 우의정에 이원을 임명했다. 이런 체제가 계속 이어지다가 세종 4년(1422년) 태종이 세상을 떠나기 하루 전날 박은이 세상을 떠났기 때문에 홀로 서기를 시작한 세종은 이원을 좌의정으로 올리고 우의정은 정탁, 유관 등이 번갈아 맡기는 했지만 사실상 비워둔 채 병조판서 조말생(趙末生), 이조판서 허조(許稠)의 3두마차 체제로 정국을 이끌면서 젊은 신왕으로서의 입지를 하나하나 굳혀 가고 있었다.

그런데 세종 8년(1426년) 3월 15일, 좌의정 이원이 많은 노비를 불법으로 차지했다는 혐의로 사헌부의 탄핵을 받아 공신녹권(功臣錄券, 공신에게 주는 공훈사령장)을 박탈당하고 여산(礪山)에 안치되었다가 배소에서 죽었다. 복권의 기회는 없었다. 그로부터 1년도 안 된 세종 9년(1427년) 1월 25일, 잠시 우의정을 거쳤던 황희는 마침내 좌의정에 오른다. 그를 좌의정으로 임명하면서 세종이 그에게 했다는 말이 〈문종실록〉 '황희 졸기'에 실려 있다.

———

"경(卿)이 폄소(貶所, 귀양지)에 있을 적에 태종(太宗)께서 일찍이 나에게 이르시기를, '황희는 곧 한나라의 사단(史丹)과 같은 사람이니 무슨 죄가 있겠는가?'라고 하셨다."

사단(史丹)은 중국 한나라 원제(元帝) 때에 시중(侍中, 재상)을 지낸 명신(名臣)으로 원제가 가장 사랑하는 후궁 부소의(傅昭儀)의 소생 공왕(恭王)이 총명하고 재주가 있어 세자를 폐하고 공왕을 후사로 삼고자 하므로 극력 간(諫)하여 마침내 폐하지 않게 했던 인물이기도 하다. 그 후 20여 년 재상으로서 황희의 업적은 우리가 아는 바 그대로다.

난세를 타개하는 법

오랜 폭정이 난무하면서 썩어 문드러진 명종 시대(1545~1567년)를 지나면서도 인재는 남아 있었다. 영의정 이준경이 대표적인 경우다. 그는 말 그대로 진흙탕 속의 진주였다. 이준경(李浚慶, 연산군 5년~선조 5년, 1499~1572년)은 세조와 성종 때 크게 번성했던 광주 이씨의 후손이었다. 증조부 이극감은 형조판서를 지냈고 조부 이세좌도 중추부 판사를 역임했던 조정 대신이었다. 그의 아버지 이수정은 홍문관 부수찬을 지냈다.

그의 나이 6세 때, 즉 연산군 10년(1504년) 갑자사화가 일어났다. 할아버지와 아버지가 연루되어 유배를 갔으나 2년 뒤 중종반정이 일어나는 바람에 풀려날 수 있었다. 어려서부터 집안의 분위기가 어떠했으리라는 것은 쉽게 짐작할 수 있다. 실록은 "준경은 어릴 때부터 뜻이 높고 비범하였으며 체격이 웅대하여 많은 선비들 사이에 이름이 있었다"고 평하고 있다.

다른 사람들에 비해 다소 늦은 중종 26년(1531년) 문과에 급제해 주로 홍문관에서 경력을 쌓았다. 1533년에는 1519년에 일어난 을묘사화로 화를 당한 사람들의 신원(伸寃)을 주장하다가 파직되어 5년 동안 독서를 하며 지내기도 했다. 강직하기로는 그의 형 이윤경이 한 수 위였다. 두 사람 모두 관리로서 청렴과 엄중함이 뛰어나 두 봉황새라는 뜻에서 '이봉(二鳳)'으로 불렸다.

중종 32년 (1537년) 호조좌랑으로 복직한 후 홍문관과 사헌부 등의 요직을 두루 거쳤고 성균관 대사성에까지 올랐다. 흥미로운 점은 이런 강직한 성품에도 문정왕후와 윤원형이 설쳐대던 명종 정권하에서도 승승장구했다는 것이다. 명종 3년(1548년)에는 요직 중의 요직인 병조판서에까지 올랐다. 한때 윤원형과 가까운 이기의 모함을 받아 충청도 보은으로 유배를 가기도 했지만 이듬해 풀려났고 그 후 형조, 병조, 이조, 공조판서 등을 두루 역임한다. 명종 10년(1555년) 을묘왜변이 일어났을 때는 도순찰사를 맡아 성공적으로 왜적을 물리쳤다. 이 공으로 우찬성에 올랐고 이후 좌찬성, 우의정, 좌의정을 거쳐 명종 20년(1565년) 마침내 영의정에까지 이른다.

여기서 의문이 든다. 이런 강직한 인물이 어떻게 윤원형의 공세를 피할 수 있었을까? 그것은 을사년(1545년) 인종이 사망한 직후로 거슬러 올라간다. 이때 신하들은 문정왕후에게 알리지도 않고 윤원형의 형 윤원로를 제거하기로 결정했다. 그러나 당시 한성부 우윤이던 이준경은 "대비가 위에 계시는데 어찌 품의하지도 않고 마음대로 그 동기를 주살할 수 있겠는가?"라고 반대해 논의를 중단시켰다. 이 일이 아니었으면 그도 을사사화의 희생자가 되었을 것이 분명하다. 그러나 이 일을 윤원형이 고맙게 생각해 평안감사로 좌천시키는 선에서 마무리했고 그 후 정승에까지 오를 수 있었다. 물론 그렇다고 해서 이준경이 윤원형에게 아부를 하거나 하지는 않았다. 《실록》은 "준경은 조정에서 꼿꼿하게 집정(執政)

하며 끝내 굽히는 일이 없었다"고 적고 있다. 윤원형으로서도 함부로 할 수 없는 대단한 카리스마의 소유자였던 것이다.

그 후 선조의 집권에 결정적인 공을 세운 이준경은 원상(院相)이 되어 미숙한 선조가 국왕으로서 자리 잡는 데 결정적인 도움을 준다. 그는 선조 1년(1567년) 기묘사화로 화를 입은 조광조의 관작(官爵)을 늦게나마 추증했고 노수신, 유희춘 등 을사사화의 피해자들을 유배에서 풀어주고 관작을 회복시켜주었다.

누구보다 사람을 잘 보고 일을 잘 알았던 이준경은 선조 5년(1572년)에 죽음을 앞두고 다음과 같은 유서 겸 상소인 유차(遺箚)를 자신이 즉위시킨 어린 선조에게 올렸다.

———

"땅으로 돌아가는 신 이준경은 삼가 네 가지의 조목으로 죽은 뒤에 들어주실 것을 청하오니 전하께서는 살펴주소서.

첫째, 제왕의 임무는 학문하는 것이 중요합니다. 정자가 말하기를 '함양(涵養)은 모름지기 경(敬)이라야 하고 진학은 치지(致知)에 있다'고 하였습니다. 전하의 학문이 치지의 공부는 어느 정도 되었지만 함양의 공부에는 미치지 못한 바가 많기 때문에 언사(言辭)의 기운이 거칠어서 아랫사람을 접하실 때 너그럽고 겸손한 기상이 적으니 삼가 전하께서는 이 점에 더욱 힘쓰소서.

둘째, 아랫사람을 대하는 데 위의(威儀)가 있어야 합니다. 신은 들으니 '천자는 온화하고 제후는 아름답다'고 하였습니다. 위의를 갖추어야 할 때에는 삼가야 합니다. 신하가 말씀을 올릴 때에는 너그럽게 받아들이고 예모(禮貌)를 갖추어야 합니다. 비록 거슬리는 말이 있더라도 그때마다 영특한 기운을 발하여 깨우쳐줄 것이요, 일마다 겉으로 감정을 나타내고 스스로 현성(賢聖)인 체 자존하는 모습을 아랫사람에게 보이는 것은 마땅치 않습니다. 그렇게 하시면 백료(百僚)가 해체되어 허물을 바로잡지 못할 것입니다.

셋째, 군자와 소인을 분별하는 것입니다. 군자와 소인은 구분되기 마련이어서 숨길 수가 없습니다. 당 문종(唐文宗)과 송 인종(宋仁宗)도 군자와 소인을 모른 것이 아니었지만 사당(私黨)에 끌려서 분간하여 등용하지 못함으로써 마침내 시비에 현혹되어 조정이 어지럽게 되었던 것입니다. 진실로 군자라면 소인이 공박하더라도 발탁하여 쓰고, 진실로 소인이라면 사사로운 정이 있더라도 의심하지 말고 버리소서. 이같이 하시면 어찌 북송과 같은 다스리기 어려운 일이 있겠습니까.

넷째, 붕당(朋黨)의 사론(私論)을 없애야 합니다.⊙ 지금의 사람들은 잘못한 과실이 없고 또 법에 어긋난 일이 없더라도 서로 자기와 한마디만 맞지 않으면 배척하여 용납하지 않습니다. 그리고 자신의 행동을 검속(檢束)한다든가 독서하는 데에 힘쓰지 않으면서 고담대언(高談大言)으로 친구나 사귀는 자를 훌륭하게 여김으로써 마

⊙ (원주) 이때에 심의겸이 외척으로 뭇 소인들과 체결하여 조정을 어지럽힐 조짐이 있었기 때문에 이를 지적한 것이다.

침내 허위(虛僞)의 풍조가 생겨났습니다. 군자는 함께 어울려도 의심하지 마시고, 소인은 저희 무리와 함께하도록 버려두는 것이 좋습니다. 이 일은 바로 전하께서 공평하게 듣고 보신 바로써 이런 폐단을 제거하는 데 힘쓰셔야 할 때입니다. 신은 충성을 바칠 마음 간절하나 죽음에 임하여 정신이 착란되어 마음속의 말을 다하지 못합니다."⊙

결국 그의 예언대로 3년 후인 선조 8년(1575년)에 조선에는 당쟁이 시작된다. 일의 시대가 끝나고 말의 시대가 열린 것이다.

일을 몰랐던 정철의 비극

임진왜란이 일어나기 1년 전인 선조 24년(1591년) 2월, 막 우의정에 오른 유성룡이 좌의정 정철을 찾아와 영의정 이산해와 더불어 3정승이 임금을 뵙고 세자 책봉 문제를 건의하자고 제안했다. 이산해와 유성룡은 동인(이어 남인), 정철은 서인이었다.

당시 정비인 의인왕후 박씨가 자식을 못 낳았기 때문에 조정에서는 암암리에 '광해군 세자론'이 퍼져 있던 때였다. 정철은 유성룡의 제안이 있었고 이산해와 유성룡은 같은 당파이니 서로 의

⊙　(원주) 공은 임금을 아끼고 세상을 염려하여 죽는 날에도 이러한 차자를 남겼으니 참으로 옛날의 직신(直臣)과 같다. 당시에 심의겸의 당(율곡 이이)이 이 차자를 지적하여 건조무미한 말이라 소를 올려 배척하기까지 하였으니 참으로 군자의 말은 소인이 싫어하는 것이다.

견을 나누었을 것으로 생각했다. 게다가 자신이 3정승 중에서 가장 힘이 막강한 좌의정이니 임금을 만나는 경연에서 자신이 먼저 이야기를 꺼내는 것이 순서라고 판단했다.

그러나 경연에서 정철이 이 말을 꺼내는 순간 선조의 분노는 폭발했다. "지금 내가 살아 있는데 경은 무엇을 하고자 하는가?" 문제는 그 순간 이산해와 유성룡은 아무런 말이 없었다는 사실이다. 이산해의 술수에 걸려든 것이다. 결국 정철은 파직당해 마천령 넘어 함경도로 유배를 가게 된다. 여기서 정철이 옳고 이산해가 틀렸다는 말을 하려는 것이 아니다. 물론 그 반대도 아니다. 당시는 정여립의 난 직후였기 때문에 서로 피 말리는 정쟁을 하던 중이었다. 문제는 이산해가 구사한 술수가 지극히 고전적인 수법이라는 사실이다.

진덕수의 《대학연의》에 따르면 한나라 무제 때 급암(汲黯)은 공손홍(公孫弘)과 더불어 함께 황제에게 아뢰기로 했다가 정작 황제 앞에 이르자 급암은 자신의 품은 바를 남김없이 다 말했는데 공손홍은 오히려 면전에서 아첨을 일삼았다. 이처럼 함께 아뢰기로 하다가 면전에서 표변하는 수법은 당나라 현종 때도 등장한다.

사미광의 《자치통감(資治通鑑)》에도 비슷한 사례가 있다. 당나라 현종은 삭방절도사 우선객(牛仙客)이 비용도 절감하고 무기 개량도 잘했다 하여 봉읍에서 실제로 받는 조세인 실봉(實封)을 높여주려 했다. 이에 충직한 성품의 장구령(張九齡)은 재상 이임보(李林甫)

에게 말했다. "실봉을 상으로 주는 것은 명신(名臣)과 큰 공을 세운 사람들에게 베푸는 것인데 어찌 변방의 장수를 고위직에 올리면서 이리 급하게 의논할 수 있겠습니까? 공과 더불어 힘껏 간언을 올려봅시다."

아첨에 능한 이임보는 그러자며 허락했다. 그러나 정작 황제에게 나아가 뵈었을 때 장구령은 할 말을 다했지만 이임보는 침묵을 지켰다. 오히려 이임보는 물러 나와서 장구령의 말을 우선객에게 흘렸다. 다음날 우선객이 황제를 알현하여 울면서 호소하자 황제는 다시 우선객에게 상을 내리기로 하고 조정의 논의에 붙였다. 여기서도 장구령은 원칙을 어겨서는 안 된다면서 한사코 반대했다. 그 순간 이임보가 "재능이 중요하지 사람됨을 말합니까? 천자가 사람을 쓰겠다는데 어찌하여 안 된다는 것입니까?"라고 하자 황제는 이임보는 꽉 막혀 있지 않아 좋다고 여겼다.

이 사건에 대한 진덕수의 평가다. "이임보가 장구령을 배반한 것도 공손홍이 급암을 속여 넘긴 것과 똑같다. 그리하여 급암과 장구령은 죄를 얻어 폐척을 당한 반면 공손홍과 이임보는 뜻을 얻어 권세를 누렸다. '천자가 사람을 쓰겠다는데 어찌하여 안 된다는 것입니까?'라는 말은 임금에게만 초점을 맞추고 다른 사람들의 말에는 조금도 개의치 않는 사정을 보여준다."

다시 조선 선조 때로 돌아간다. 만약에 정철이 당시 고위관리들의 필독서였던 진덕수의 《대학연의》를 제대로 보았다면 거기에 여러 차례 등장하는 낡은 덫에 걸리지 않았을 것이다. 그가 충신이냐 간신이냐를 떠나 정철은 사람을 알아보는 데 어두웠고, 제대로 된 독서가 없었기 때문에 버젓이 책에 나와 있는 사례를 답습해 귀양까지 가는 고초를 겪었다는 점에서 크게 동정의 여지는 없어 보인다.

중국의 두 가지 사례에서 눈여겨봐야 할 대목은 당시 황제가 누구였느냐는 것이다. 한나라 무제는 중국의 영토를 크게 넓힌 대단한 임금이고, 현종 또한 말년에는 양귀비에 빠져 몰락하긴 했지만 이때만 해도 뛰어난 임금으로 불릴 때였다. 즉, 치적 면에서 어느 황제에게도 손색이 없는 걸출한 황제들이었음에도 불구하고 공손홍이나 이임보의 귀를 녹이는 혀 놀림에 속아 넘어갔다는 것은 오늘날 국가조직이건 기업과 같은 사조직이건 시사하는 바가 적지 않다.

진덕수는 임금이 공(公)보다는 사(私)에 마음을 쏟을 때 간신들이 활개를 친다고 진단한다. 조직 내에 충신이 많으냐, 간신이 많으냐는 결국 리더의 마음가짐에서 비롯된다는 말이다.

'도의'보다
'일'이 먼저다

1.

이 책은 체계적인 군자론을 다루고자 한 것도, 선비 비판론을 다루고자 한 것도 아니다. 굳이 말하자면 민주정화 30년을 넘기고서도 정신적 허기를 느끼고 있다고도 할 수 있는 우리 사회에 작은 대안을 던져보려 했을 뿐이다. 아울러 삶의 방향을 고민하는 사람들을 위한, 그 허기를 채울 수 있는 정신적 자원을 공자의 생각과 조선시대 우리 선조들의 모범에서 구해보려 한 것이다. 그런 점에서 어쩌면 이 글은 작은 시론(時論)이자 시론(試論)이라 하겠다.

이미 보았듯이, 군자는 강단의 학자나 평론가에 국한되지 않는다. 정치인 중에서도 군자와 소인이 있을 수 있고 기업인 중에서도 군자와 소인이 있을 수 있으며, 심지어 학자 중에서도 군자에 가까운 학자와 소인에 가까운 학자가 있을 수 있다. 말하자면 사회에 도움이 되는 학문을 하려는 학자는 군자에 가까운 학자가 될 터이고, 자신의 명예나 부를 위해 학문을 활용하는 학자는 소인에 가까운 학자일 뿐이다.

선비가 꼬장꼬장하다면 군자는 유연하다. 자신을 내세우기보다는 일이 풀려가는 것을 앞세운다. 우리 주변에는 일이야 어떻게 되건 자기주장에 급급한 선비형 인물들이 너무 많다. 시국 토론회를 보면 말은 넘쳐나지만, 일이 되게 하려는 토론인지 의심스러운 적이 한두 번이 아니다. 그것도 실은 선비형 인물들이 많기 때문인지도 모른다. 조금은 양보할 줄도 알고 상대방을 존중하며 토론 주제에 대한 이해를 넓히는 것이 토론의 본래 목적인데, 이 점을 이해하지 못한 사람들은 자신들의 한 줌도 안 되는 알량한 지식과 도덕을 과시하려는 것 이외에 다른 사람들과의 화합과 공존에는 아무런 관심도 없다.

유연하다고 하여 군자가 도덕이나 절의를 내팽개치는 것은 아니다. 《논어》〈태백〉에 나오는 공자의 제자 증자의 다음과 같은 말은 군자 또한 높은 절조를 가져야 함을 보여준다.

―――
"육척의 어린 임금을 부탁할 만하고, 백리 되는 제후국의 흥망을 맡길 만하니, 국가의 위기 상황에 임해서는 (그 절개를) 빼앗을 수 없다면 군자다운 사람일까요? 군자다운 사람입니다."[01]

그러나 큰 위기 상황이란 예외적 상황이다. 예외적 상황의 행동 원칙을 평시에도 일반화할 필요는 없다. 사실 우리의 경우 100년 사이에 나라가 망하고 전쟁이 일어나고 쿠데타가 연이어 일어나면서 국가 차원의 도의(道義)를 갖추기가 어려웠다. 그러다 보니 늘 극한의 부정적 상황을 전제한 대응 원칙이 힘을 발휘했다. 지사형 선비를 오랫동안 높이 받들었던 것도 그 같은 시대로부터 영향을 받은 때문이다. 사실 이런 흐름은 이른바 운동권 인사들에게까지도 이어졌다. 그 결과가 다름 아닌 도덕적 우위를 무기로 한 정치 세력화이고, 이들은 대부분 지난 30년 민주정화가 된 세상에서 일을 모르는 사람들이라는 평가를 받게 되었다.

이제는 특정인이나 특정 세력이 도덕적 우위를 내세우는 시대는 끝났다. 나는 그렇기 때문에 더더욱 도덕을 앞세우는 선비론이 21세기 우리 사회에 적합하지 않을 것이라고 판단한다. 도덕은 개인이 알아서 챙겨야 할 문제다. 그래서 2019년 한 해 국력을 소진시켰던 조국 전 장관의 사건도 도덕적 잣대로 지적하고 싶지는 않다. 다만 도덕적 우위라는 자가당착적 신념이 정책으로 반영되었을 때 우리 사회에 어떤 문제를 일으키는지 전 국민이 생생히 목도할 수 있었다.

중요한 것은 우리 사회가 풀어내야 할 수많은 일을 해결해 나가는 과정에서 일 중심의 사회 윤리가 필요하다는 것이다. 군자를 생각하게 된 것도 이 같은 일 중심의 사회 윤리를 각자 자기 것으로 만들어 행동하고 미래를 향한 비전을 고민하는 인간형이 필요하다고 본 때문이다.

내가 어떤 확고부동한 답을 제시했다고 여기지 않는다. 앞으로 군자형 인간을 향한 이야기를 시작하는 데 물꼬를 트고자 했을 뿐이다. 그것은 공자의 사상으로 돌아가는 것도 아니고, 조선시대로의 회귀도 아니다. 앞으로 우리 그리고 다음 세대들이 잘 살아가는 길을 만드는 일이라고 생각한다.

2.

"현재의 대한민국은 조선시대 역사에 비추어 보면 어느 시기쯤에 해당합니까?"

가끔 듣는 질문인데 답은 분명하다. "성종시대입니다." "태평성대라는 말입니까?" "아닙니다. 망조(亡兆)가 들기 시작했다는 말입니다." 열세 살 성종이 즉위한 해가 1470년이었다. 1392년 조선이 세워지고 78년이 되던 해이니 탄생 70년을 넘은 대한민국과 비슷하다. 조선은 세조 시대를 지나면서 정신적으로 피폐해졌다. 다만 세종 덕분에 생산력은 높아졌기 때문에 성종 때는 호화 사치가 극에 이르렀고 부정부패가 만연했으며 관직이 능력 중심에서 연줄 중심으로 타락했다.

조선 중기에 이이(李珥)는 〈동호문답〉이라는 글에서 성종 시대를 평하며 "그 당시는 태평한 지 오래되어 나라가 부유하고 백성은 넉넉하니 대소 신하들이 나랏일은 생각하지 않고 노는 데만 뜻을 두어 구속받는 것을 싫어해 그 그릇된 풍속의 폐단이 지금까지 이르렀다"고 했다. 마치 지금 우리 시대를 평하는 듯한 착각마저 들 정도다. 무엇보다 이 시기는 신분 고착화가 심했다. 세종이 지방의 관기(官妓) 소생인 장영실을 고위직에 올렸던 파격 인사는 이때가 되면 불가능해졌다. 그의 행실 논란을 떠나 나라에 공을 세운 유자광을 서얼 출신이라 비판하고 관직에서 내쫓은 것도 보기에 따라서는 이 같은 신분 고착화와 관련이 깊다. 우리 재벌가가 2세를 넘어 3세, 4세가 등장하면서 이런 문제가 우리에게도 발생하고 있다. 최근 조현아 사건의 경우처럼 많은 사람의 공분을 불러일으킨 것도 이런 연장선에서 보아야 하지 않을까? 그 후 흙수저 논란이 터져 나온 것도 마찬가지다.

그때나 지금이나 대책은 하나다. 사회적 신분 이동 가능성을 높이는 것이다. 그때는 실패했다. 그러나 지금은 성공해야 한다. 여기에 여야가 있을 수 없고 좌우가 있을 수 없다. 계층 고착화는 힘없는 사람에게는 기회 박탈임과 동시에 기득권을 누리는 사람에게는 정당성 약화를 가져다준다. 보편적 복지냐 선별적 복지냐 하는 논란도 사회적 이동 가능성이라는 잣대로 보면 선택은 분명해진다. 사회적 이동 가능성을 높이는 데 반대할 사람은 별로 없을 것이다. 그렇다면 이 부분에 대한 합의와 실천 의지를 앞세우고 다른 것들은 뒤로 돌릴 때 꽉 막혀 있는 우리 사회의 여러 문제를 풀어갈 실마리가 나온다. 더불어 사회적 이동 가능성에 반(反)하는 행위, 즉 특권을 이용해 자신의 권력과 부를 부당한 방식으로 세습하려는 행위에 대해 좀 더 엄격해질 필요가 있다. 이 부분이 뚫리면 약자들에 대한 그 어떤 지원도 효과를 발휘할 수 없기 때문이다. 실은 이미 많이 뚫려 있다.

성종 시대가 바로 그랬다. 그런 시대의 과제를 외면한 결과는 처참했다. 바로 그 아들이 폭군으로 지목되어 불행한 종말을 맞았고, 조선 왕실 자체가 무력화되면서 신하들이 권력을 좌지우지하는 바람에 백성은 기댈 곳이 없게 되어버린 것이다. 성종이 오죽 한 게 없었으면 세조가 편찬 작업을 시작한《경국대전》이 성종 때 완성되었다는 것 하나만 우리가 기억하겠는가? 그럼에도 우리는 학교에서 마치 성종이 대단한 성군(聖君)이라도 되는 양 배웠다. 잘못 배운 것이다.

2006년《성종, 조선의 태평을 누리다》(해냄)라는 책을 냈을 때 한 일간지의 서평은 이렇게 평했다.

"도대체 그는 누구였던가. 조선 9대 임금 성종(成宗). 전란(戰亂)은 커녕 '폐비 윤씨' 말고는 별다른 사건사고도 없었던지라 그를 본격적으로 재평가하는 단행본이 나온다는 것은 상상하기 어려웠다. 하지만 이 책은 바로 그때야말로 조선왕조가 내리막길의 기로(岐路)에 놓였던 숨 가쁜 시대였다며 '반면교사형(反面敎師型) 리더십'을 끌어낸다.

저자가 '태종' '세종'에 이어 내놓은 이 책은 조선왕조실록 원전에 의한 치밀한 논증과 저널리스트적인 예리한 시각으로 15세기 말의 정치 상황을 생생하게 살려낸다. '조선 최고의 태평성대'라고? 맞긴 맞다. 하지만 선대(先代)가 만들어놓은 성찬을 먹기민 했을 뿐이다. 외부 세력의 시나리오에 의해 즉위했고, 대비(大妃)들의 그늘에서 시달렸으며, 성리학적 '명분'의 벽을 뛰어넘지도 못했다. 국리민복과 부국강병이란 현실적 과제는 돌아보지 못한 채 주색잡기에 빠져버렸다. 풍요로운 나라를 물려받아 쇠퇴의 기운을 물려준 그에게, 선비의 나라 조선은 기꺼이 '성군(聖君)'의 이미지를 씌웠다는 것이다."

10년도 훌쩍 지난 지금 다시 읽어보아도 마치 우리를 비판하고 있는 듯하다.

3.

얼마 전 조선시대 세자들이 어떤 교육을 받았는지를 조명한 책을 보다가 이런 생각이 들었다. 역사학자인 저자는 정말로 당시 세자 교육이 올바른 리더십 교육 방법이라 믿고 있는 것일까? 아마도 기획 의도는 '제왕학(帝王學)'의 요체를 알면 자녀교육에 도움이 될까 해서였을 것이다. 그런데 막상 그런 교육을 받은 왕이 어떤 업적을 남겼고 부국강병에 기여했는지를 돌아보면 실상은 정반대다. 이 또한 과거의 역사를 있는 그대로 보기보다는 지금 우리의 희망사항을 과거 역사에 투영해보고 싶은 것만 본 단견(短見)이라고 할 수 있다. 왜냐하면 뛰어난 커리큘럼으로 무장한 정규교육이 반드시 뛰어난 인재를 만들어내는 것은 아니라는 사실을 단번에 확인할 수 있기 때문이다.

몇 가지 사례만 살펴보자. 조선을 건국한 태조 이성계는 무장(武將) 출신으로, 이렇다 할 정규교육을 받을 처지가 아니었다. 세자 방석은 1차 왕자의 난 때 비명에 갔고 뒤이어 왕위에 오른 정종이나 태종 이방원 또한 세자 교육을 받은 바 없다. 태종 치하에서 세자 교육을 받은 이는 양녕대군이었고 폐(廢)세자가 되었다. 그 바람에 20세를 넘겨 왕위에 오를 때까지 세종도 정식 세자 교육을 받지 못했다. 왕자들이 받는 일반적인 교육은 받았겠지만 태종은 늘 세종이 공부하는 것을 말렸다. 세자가 아닌 대군에 불과한 당시로서 책에 욕심을 낸다는 것은 권력욕이 있다는 뜻이었고, 자칫 자신처럼 형제들 사이에 분란이 일어날 것을 경계한 때문이었다. 조선에서 정식 세자 교육을 받고 왕위에 오른 이는 문종이 처음이다. 그러나 유감스럽게도 일찍 세상을 뜨는 바람에 이렇다 할 통치를 하지 못했고, 단종은 권력투쟁의 희생물이 되었다.

수양대군은 세자 교육을 받지는 않았지만 한글 창제 및 경전 번역 사업을 주도할 만큼 풍부한 학식을 갖추었던 인물이다. 아마도 세종은 자신이 형제들을 깍듯이 모셨기 때문에 자기 아들들도 서로 다투지 않을 것으로 생각했던 것 같다. 물론 그것은 명백한 오산이었고 자기가 길러낸 수많은 인재들까지 난리의 와중에 대거 희생되었다. 세조의 뒤를 이은 예종은 세자 교육을 거쳐 왕위에 올랐지만 1년 남짓 재위했고, 다시 왕위는 조카 성종에게 넘어갔다. 13세였던 성종 또한 얼떨결에 왕위에 올랐기 때문에 세자 교육을 받은 바 없다. 성종 때의 세자는 연산군이다. 그는 세자 교육을 받았고 왕위에도 12년 있었으니 비교적 오래 재위했다. 조선왕조에서 세자 교육을 받고 비교적 오랜 기간 왕위에 있었던 첫 번째 인물이 다름 아닌 연산군인 것이다. 언뜻 보아도 세자 교육을 받지 않은 사람 중에 뛰어난 국왕이 많고, 오히려 세자 교육을 받은 왕은 단명하거나 연산군 같은 인물밖에 없다. 그런데도 조선왕조 세자 교육법에서 무언가 배울 것이 있다고 생각한다면 그 사람은 역사에 대한 문제의식이 전혀 없거나 교육에 관해 문외한이라는 비판을 피할 길이 없다.

왕실의 교육은 '과보호'라는 병폐에서 자유로울 수 없다. 당시의 세자 교육이 연산군 같은 폭군을 만든 것은 아니겠지만, 그런 폭군이 생겨나는 것을 막는 데 실패한 것은 분명하다. 오히려 성공한 국왕들을 통해 얻어야 할 교훈은 야성(野性)이 겸비된 지성이다. 태종, 세종, 세조의 경우가 그렇다. 지금 학교와 학원을 쳇바퀴 돌듯 하는 아이들, 체육까지 과외를 강요하는 변태적인 교육제도, 남을 존중하는 최소한의 윤리조차 가르치지 못하는 학교를 보고 있노라면 아이들에게 야성을 심어주기 위한 각종 프로그램 개발이 필요하다는 것을 느끼게 된다. 단, 지성이 빠진 야성을 심어주어서는 위험하다. 지성 없는 야성이 빚어내는 폐해를 우리는 하루도 빼지 않고 목격하고 있기 때문이다.

이런 점에서 우리는 전혀 다른 질문을 던져야 한다. '조선의 세자 교육을 받은 세자들은 왜 성공한 임금이 되지 못했는가?' 이 질문에서 자유로운 임금은 오직 한 사람, 숙종뿐이다. 그는 원자로 태어나 세자가 되어 세자 교육을 받고 임금의 자리에 올라 당파 싸움에 휘둘리던 왕권을 안정시키고 백성을 위한 정치를 펼친 임금이었다.

4.

여러 해 전에 드라마 '뿌리 깊은 나무'가 인기를 끈다고 해서 몇 편을 보다가 접었다. 픽션이라 쳐도 정도가 지나쳐 더 이상 보기 어려웠기 때문이다. 장인 심온을 죽였다고 해서 아버지 태종에 정면 대립하는 모습은 결코 세종의 모습이 아니다. 그에게 그런 일은 상상도 할 수 없는 일이었다.

600여 년 전 1418년 12월 24일로 시간을 돌려보자. 그 전날 심온은 태종의 명에 따라 스스로 목숨을 끊었다. 그리고 다음날인 24일, 《실록》은 세종의 불편한 마음을 간접적으로 전한다. "꿈자리가 사나웠다"는 것이다. 이날 저녁 태종은 잔인하게도 대신들을 불러 주연(酒宴)을 크게 연다. 그 자리에는 전날 장인을 잃은 세종도 참석했다. 아마도 태종은 이를 통해 임금이라는 자리가 어떤 것인지를 세종에게 일깨워주려고 했을 것이다. 드라마에서는 세종이 아버지의 칼에 호위무사의 칼로 맞서려고 했지만 역사 속의 세종은 크게 달랐다. 태종이 "주상(主上)이 나를 성심껏 위로하니 내 어찌 크게 즐기지 않겠는가? 다만 주상의 몸이 편안하지 못한 것이 염려될 뿐이로다"라고 말하자, 세종은 "신(臣)이 비록 술을 잘 마시지는 못하지만 몸은 이미 편안합니다"라고 답한다. 세종은 끝까지 자식의 도리에서 한 치도 벗어나지 않았다.

태종의 제왕(帝王) 훈련은 여기서 그치지 않았다. 실록은 당시 상황을 "상왕(上王)이 일어나서 춤을 추자 여러 신하들도 춤을 추었다"고 기록했을 뿐 세종의 반응에 대해서는 아무런 언급이 없다. 하지만 세종이 그 자리에서 느꼈을 자괴감과 비참함은 쉽게 헤아려볼 수 있다. 주관적 판단인지는 몰라도 드라마보다 역사가 훨씬 극적이지 않은가?

'1418년 12월 24일 저녁 술자리'를 드라마처럼 왜곡하면 그 이후 세종의 극도로 인내하는 정치 스타일을 제대로 풀어내기 어렵다. 정도전과의 대립 구도도 마찬가지다. 정도전에게는 아들이 넷 있었다. 그중 세 명은 1차 왕자의 난 때 아버지와 함께 세상을 떠났지만, 정진(鄭津, 1361~1427)은 중앙 고위직에 있다가 전라도 수군으로 쫓겨 내려갔다가 훗날 태종이 즉위하자 다시 불러 올려

충청도관찰사를 시켰고, 세종 때는 공조판서와 형조판서를 지낸다. 이것만 보아도 태종, 세종과 정도전 잔존 세력의 대립은 애당초 있을 수 없는 황당한 허구적 설정이다.

광해군을 둘러싼 학계의 그릇된 인식과 일반인들의 추종도 만만치 않다. '탁월한 외교정책을 펼친 군주'라는 부제를 단 한명기 교수의 《광해군》이라는 책이 나온 것이 2000년이다. 이 책의 골자는 간단히 말하면 인조반정으로 폐위된 광해군이 '알고 보면' 대륙의 명(明)·청(淸) 교체기 때 실리를 추구하는 일종의 중립 외교를 추진했다는 것이다. 그 이면에는 광해군이 계속 집권했더라면 정묘·병자 두 호란(胡亂)은 적어도 피할 수 있었으리라는 가정이 깔려 있다. 이런 주장은 묘하게도 출간 당시 반미(反美)에 사로잡힌 한반도 상황과 오버랩되면서 정치권과 지식인 사회에 적지 않은 영향을 미쳤다. 임진왜란 때 조선을 지원한 명나라는 미국과, 신흥강국 청나라는 급속히 성장하는 중국과 암묵리에 연결되었다. 자연스럽게 미국과의 동맹을 강조하기보다는 미국과 중국 사이의 균형 외교를 강조하던 노무현 정권의 외교정책을 버텨주는 하나의 역사학적 기반을 이루기도 했다.

몇 년 전 개봉했던 영화 '광해'는 여기서 그치지 않는다. 광해는 정말로 백성을 위한 정치를 꿈꾸었던 임금으로 그려진다. 이렇게 되면 광해군은 어느새 백성을 위해 혼신의 힘을 다하고 나라의 안녕을 위해 불과 10여 년 전까지 조선을 도와 망국의 위기를 막아주었던 명나라를 배신하면서까지 명나라와 청나라 사이의 줄타기 외교를 구현하려 한 '탁월한 외교정책을 펼친 군주'가 된다. 이것이 사실이라면 인조반정을 주도한 서인들은 '만고의 역적'이 되는 셈이다. 멀쩡한 정도가 아니라 탁월하기까지 한 임금을 내쫓고 양대 호란을 자초한 일개 당파에 불과하니 말이다. 나는 서인들을 옹호할 생각은 없다. 그냥 현재 시점에서 보자면 광해군과 서인의 권력투쟁에서 광해군이 패배한 것이다. 문제는 임금과 신하의 권력투쟁에서 사실상 전권을 쥐고 있던 임금이 패했다는 엄연한 사실이다.

1623년(광해군 15년) 3월 13일 반정 당일의 역사 속으로 들어가보자. 당시 반정군은 1,500명을 넘지 않았다. 그중에 정규군이라고 부를 수 있는 규모는 장단부사 이서가 이끌고 온 병사 700여 명이 전부이고 나머지는 말 그대로 오합지졸 민간인들이었다. 게다가 이미 여러 해 전부터 이런저런 역모의 소식이 광해군에게 전해졌으나 광해군은 두려워만 할 뿐 이렇다 할 대책을 세우지 못했다. 지금의 홍제동 인근에 모인 1,500명 병사가 경복궁 근처 창의문에 이를 때까지 아무런 제재도 받지 않을 만큼 모든 것이 엉망이었다. 결국 창덕궁으로 300명의 선봉대가 들이닥쳤을 때 광해군은 허겁지겁 후원으로 도망친 후였다. 이것만으로도 광해군을 옹호한다는 것은 역사의 기본을 망각하는 행위다. 총포로 무장한 정규군 규모가 얼마인데 오합지졸 1,500명에게 멀쩡한 정권을 내

줄 수 있단 말인가?

연산군이야 스스로 임금이기를 포기했으니 그렇다 쳐도 '탁월한 외교정책을 펼친 군주'라는 광해군이 어째서 권력을 이처럼 어이없게 넘겨준 것일까? 이 부분에 대한 충분한 학문적 해명 없이 탁월한 외교 운운하는 것은 임금이 어떤 자리인지를 잘 모르고 하는 이야기일 수밖에 없다.

자기 정권도 못 지키는 임금이 나라는 어떻게 지킬 것이며 또 백성은 어떻게 편안케 할 수 있다는 말인지. 드라마상의 역사왜곡이 이제는 스크린으로까지 번진 듯하여 흔쾌한 마음으로 영화를 볼 수가 없었다. 그런 점에서 새삼 연산군의 니힐리즘을 극적으로 그려낸 영화 '왕의 남자'가 얼마나 뛰어난 작품이었는지 경탄하게 된다. 아무리 좋게 보아주려 해도 광해군은 변명의 여지가 없다. 두 번 다시 있어서는 안 될 '반면교사' 국가지도자일 뿐이다.

글을 시작하며

01 孔子御鄕黨恂恂如也 似不能言者 其在宗廟朝廷便便言 唯謹爾(공자어향당
순순여야 사불능언자 기재종묘조정편편언 유근이)

02 侍於君子有三愆 言未及之而言 謂之躁 言及之而不言 謂之隱 未見顔色而言
謂之瞽(시어군자유삼건 언미급지이언 위지조 언급지이불언 위지은 미견안색
이언 위지고)

제1부 군자의 '말끝'이 향하는 곳 _언言과 논論

01 不知言無以知人(부지언무이지인).

【1강】

1-1 敏於事而愼於言 就有道而正焉 可謂好學也已(민어사이신어언 취유도이
정언 가위호학야이)

1-2 子貢問曰 孔文子何以謂之文也 子曰 敏而好學不恥下問 是以謂之文也(지

공문왈 공문자하이위지문야 자왈 민이호학불치하문 시이위지문야)

1-3 子曰 十室之邑必有忠信如丘者焉 不如丘之好學也(자왈 십실지읍필유충신여구자언 불여구지호학야)

1-4 子曰 已矣乎 吾未見能見其過而內自訟者也(자왈 이의호 오미견능견기과이내자송자야)

1-5 哀公問 弟子孰爲好學(애공문 제자숙위호학)/孔子對曰 有顔回者好學不遷怒不貳過 不幸短命死矣 今也則亡 未聞好學者也(공자대왈 유안회자호학불천로불이과 불행단명사의 금야즉망 미문호학자야)

1-6 學而時習之 不亦說乎(학이시습지 불역열호)

1-7 子曰 弟子 入則孝 出則弟 謹而信 汎愛衆而親仁 行有餘力 則以學文(자왈 제자 입즉효 출즉제 근이신 범애중이친인 행유여력 즉이학문)

1-8 子以四敎 文行忠信(자이사교 문행충신)

1-9 博我以文 約我以禮(박아이문 약아이례)

1-10 衛公孫朝問於子貢曰 仲尼焉學(위공손조문어자공왈 중니언학) / 子貢曰 文武之道未墜於地在人 賢者識其大者 不賢者識其小者(자공왈 문무지도미추어지재인 현자지기대자 불현자지기소자) / 莫不有文武之道焉 夫子焉 不學而亦何常師之有(막불유문무지도언 부자언 불학이역하상사지유)

1-11 子曰 周監於二代 郁郁乎文哉 吾從周(자왈 주감어이대 욱욱호문재 오종주)

1-12 君子 以文會友以友輔仁(군자 이문회우이우보인)

1-13 子夏問曰 巧笑倩兮 美目盼兮 素以爲絢兮 何謂也(자하문왈 교소천혜

미목반혜 소이위현혜 하위야) / 子曰 繪事後素(자왈 회사후소) / 曰 禮後乎
(왈 예후호) / 子曰 起子者 商也 始可與言詩已矣(자왈 기여자 상야 시가여언
시이의)

【2강】

2-1 書不盡言 言不盡意(서부진언 언부진의)

2-2 師冕見及階 子曰 階也 及席 子曰 席也 皆坐 子告之曰 某在斯 某在斯(사
면현급계 자왈 계야 급석 자왈 석야 개좌 자고지왈 모재사 모재사) / 師冕出
子張問曰 與師言之道與 子曰 然 固相師之道也(사면출 자장문왈 여사언지도여
자왈 연 고상사지도야)

2-3 子路曰 衛君待子而爲政 子將奚先 (자로왈 위군대자이위정 자장해선)
/ 子曰 必也正名乎(자왈 필야정명호) / 子路曰 有是哉 子之迂也 奚其正(자로왈
유시재 자지우야 해기정) / 子曰 野哉 由也 君子於其所不知蓋闕如也(자왈 야재
유야 군자어기소부지개궐여야) / 名不正則言不順 言不順則事不成 事不成則禮樂
不興 禮樂不興則刑罰不中 刑罰不中則民無所措手足(명부정즉언불순 언불순즉사
불성 사불성즉예악불흥 예악불흥즉형벌부중 형벌부중즉민무소조수족) / 故
君子名之必可言也 言之必可行也 君子於其言無所苟而已矣(고군자명지필가언야
언지필가행야 군자어기언무소구이이의)

2-4 君君臣臣 父父子子(군군신신 부부자자)

2-5 子曰 由 誨女知之乎 知之爲知之 不知爲不知 是知也(자왈 유 회여지지
호 지지위지지 부지위부지 시지야)

2-6 子張 學干祿 子曰 多聞闕疑 愼言其餘則寡尤 多見闕殆 愼行其餘則寡悔 言寡尤 行寡悔 祿在其中矣(자장 학간록 자왈 다문궐의 신언기여즉과우 다견궐 태 신행기여즉과회 언과우 행과회 녹재기중의)

2-7 言寡尤 行寡悔 祿在其中矣(언과우 행과회 녹재기중의)

2-8 哀公問社於宰我　宰我對曰 夏后氏以松 殷人以柏 周人以栗 曰 使民戰栗 (애공문사어재아 재아대왈 하후씨이송 은인이백 주인이율 왈 사민전율) / 子 聞之 曰 成事不說 遂事不諫 旣往不咎(자문지 왈 성사불설 수사불간 기왕불구)

2-9 子曰 不在其位不謀其政(자왈 부재기위불모기정)

2-10 曾子曰 君子思不出其位(증자왈 군자사불출기위)

2-11 蘧伯玉使人於孔子(거백옥사인어공자) / 孔子與之坐而問焉曰 夫子何 爲 對曰 夫子欲寡其過而未能也 使者出 子曰 使乎使乎(공자여지좌이문언왈 부자 하위 대왈 부자욕과기과이미능야 사자출 자왈 사호사호)

2-12 季氏將伐顓臾 冉有季路見於孔子曰 季氏將有事於顓臾(계씨장벌전유 염유계로현어공자왈 계씨장유사어전유) / 孔子曰 求 無乃爾是過與 夫顓臾昔者 以爲東蒙 且在邦域之中矣(공자왈 구 무내이시과여 부전유석자이위동몽 차재방 역지중의) / 是社稷之臣也 何以伐爲 冉有曰 夫子欲之 吾二臣者皆不欲也(시사직 지신야 하이벌위 염유왈 부자욕지 오이신자개불욕야) / 孔子曰 求 周任有言曰 陳力就列不能者止 危而不持 顚而不扶(공자왈 구 주임유언왈 진력취열불능자지 위이부지 전이불부) / 則將焉用彼相矣 且爾言過矣 虎兕出於柙 龜玉毀於櫝中 是 誰之過與(즉장언용피상의 차이언과의 호시출어합 구옥훼어독중 시수지과여) / 冉有曰 今夫顓臾固而近於費 今不取後世必爲子孫憂(염유왈 금부전유고이근어

비 금불취후세필위자손우) / 孔子曰 求 君子疾夫舍曰欲之而必爲之辭 丘也聞 有

國有家者(공자왈 구 군자질부사왈욕지이필위지사 구야문 유국유가자) / 不患

寡而患不均 不患貧而患不安(불환과이환불균 불환빈이환불안) / 蓋均無貧 和無

寡 安無傾 夫如是故 遠人不服則修文德以來之(개균무빈 화무과 안무경 부여시고

원인불복즉수문덕이래지 / 旣來之則安之 今由與求 也相夫子(기래지즉안지 금

유여구 야상부자) / 遠人不服而不能來也 邦分崩離析而不能守也(원인불복이불능

래야 방분붕이석이불능수야) / 而謀動干伐於邦內 吾恐季孫之憂 不在顓臾而在蕭

墻之內也(이모동간벌어방내 오공계손지우 부재전유이재소장지내야)

2-13 子曰 邦有道危言危行 邦無道危行言孫(자왈 방유도위언위행 방무도

위행언손)

2-14 子曰 法語之言 能無從乎改之爲貴 巽與之言 能無說乎繹之爲貴(자왈 법

어지언 능무종호개지위귀 손여지언 능무열호역지위귀) / 說而不繹 從而不改

吾末 如之何也已矣(열이불역 종이불개 오말 여지하야이의)

2-15 事君盡禮 人以爲諂也(사군진례 인이위첨야)

2-16 子曰 有德者必有言 有言者不必有德(자왈 유덕자필유언 유언자불필

유덕)

2-17 子曰 君子不以言擧人 不以人廢言(자왈 군자불이언거인 불이인폐언)

2-18 子曰 可與言而不與之言失人 不可與言而與之言失言 知者不失人亦不失言

(자왈 가여언이불여지언실인 불가여언이여지언실언 지자불실인역불실언)

2-19 子曰 可與共學未可與適道 可與適道未可與立 可與立未可與權(자왈 가

여공학미가여적도 가여적도미가여립 가여립미가여권)

제2부 헤아리고 도모하는 힘 _事事와 의議

01 子曰 道千乘之國 敬事而信 節用而愛人 使民以時(자왈 도천승지국 경사이신 절용이애인 사민이시)

02 樊遲問仁(번지문인) / 子曰 居處恭 執事敬 與人忠 雖之夷狄不可棄也(자왈 거처공 집사경 여인충 수지이적불가기야)

03 孔子曰 君子有九思 視思明 聽思聰 色思溫 貌思恭 言思忠 事思敬 疑思問 忿思難 見得思義(공자왈 군자유구사 시사명 청사총 색사온 모사공 언사충 사사경 의사문 분사난 견득사의)

04 敏於事而愼於言 민어사이신어언

05 子路曰 子行三軍則誰與(자로왈 자행삼군즉수여) / 子曰 暴虎馮河 死而無悔者 吾不與也 必也臨事而懼 好謀而成者也(자왈 포호빙하 사이무회자 오불여야 필야임사이구 호모이성자야)

【3강】

3-1 子曰 溫故而知新 可以爲師矣(자왈 온고이지신 가이위사의)

3-2 子謂子貢曰 女與回也孰愈(자위자공왈 여여회야숙유) / 對曰 賜也何敢望回 回也聞一以知十 賜也聞一以知二(대왈 사야하감망회 회야문일이지십 사야문일이지이) / 子曰 弗如也 吾與女 弗如也(자왈 불여야 오여여 불여야)

3-3 子貢曰 貧而無諂 富而無驕 何如(자공왈 빈이무첨 부이무교 하여) / 子曰 可也 未若貧而樂 富而好禮者也(자왈 가야 미약빈이락 부이호례자야) / 子貢曰 詩云 如切如磋 如琢如磨 其斯之謂與(자공왈 시운 여절여차 여탁여마 기사

지위여) / 子曰 賜也 始可與言詩已矣 告諸往而知來者(자왈 사야 시가여언시이의 고제왕이지래자)

3-4 擧一隅不以三隅反則不復也(거일우불이삼우반즉불부야)

3-5 子游爲武城宰 子曰 女得人焉爾乎(자유위무성재 자왈 여득인언이호 / 曰 有澹臺滅明者行不由徑 非公事未嘗至於偃之室也(왈 유담대멸명자행불유경 비공사미상지어언지실야)

3-6 子曰 吾未見剛者 或對曰 申棖 子曰 棖也慾 焉得剛(자왈 오미견강자 혹대왈 신정 자왈 정야욕 언득강)

3-7 子張問明 子曰 浸潤之譖 膚受之愬 不行焉 可謂明也已矣 浸潤之譖 膚受之愬 不行焉 可謂遠也已矣(자장문명 자왈 침윤지참 부수지소 불행언 가위명야이의 침윤지참 부수지소 불행언 가위원야이의)

3-8 舜有臣五人而天下治(순유신오인이천하치)

3-9 無爲而治者其舜也與 夫何爲哉 恭己正南面而已矣(무위이치자기순야여 부하위재 공기정남면이이의)

3-10 爲政以德 譬如北辰 居其所而衆星共之(위정이덕 비여북신 거기소이중성공지)

제3부 일이 '되게 하는' 사람 _군자와 선비

【4강】

4-1 宰予晝寢(재여주침) / 子曰 朽木不可雕也 糞土之墻不可杇也 於予與何誅(자왈 후목불가조야 분토지장불가오야 어여여하주) / 子曰 始吾於人也聽其言而信其行 今吾於人也聽其言而觀其行 於予與改是(자왈 시오어인야청기언이신기행 금오어인야청기언이관기행 어여여개시)

【5강】

5-1 有子曰 其爲人也孝弟(悌) 而好犯上者 鮮矣 不好犯上 而好作亂者 未之有也(유자왈 기위인야효제(제) 이호범상자 선의 불호범상 이호작란자 미지유야) / 君子務本 本立而道生 孝弟也者 其爲仁之本與(군자무본 본립이도생 효제야자 기위인지본여)

5-2 質勝文則野 文勝質則史 文質彬彬然後君子(질승문즉야 문승질즉사 문질빈빈연후군자)

5-3 子曰 弟子 入則孝 出則弟 謹而信 汎愛衆而親仁 行有餘力 則以學文(자왈 제자 입즉효 출즉제 근이신 범애중이친인 행유여력 즉이학문)

5-4 子夏曰 賢賢易色 事父母能竭其力 事君能致其身 與朋友交言而有信 雖曰未學 吾必謂之學矣(자하왈 현현역색 사부모능갈기력 사군능치기신 여붕우교언이유신 수왈미학 오필위지학의)

5-5 棘子成曰 君子質而已矣何以文爲(극자성왈 군자질이이의하이문위) /

子貢曰 惜乎 夫子之說君子也 駟不及舌(자공왈 석호 부자지설군자야 사불급설)
/ 文猶質也 質猶文也 虎豹之鞟猶犬羊之鞟(문유질야 질유문야 호표지곽유견양지곽)

5-6 子曰 人而不仁 如禮何 人而不仁 如樂何(자왈 인이불인 여예하 인이불인 여악하)

5-7 林放問禮之本 子曰 大哉問 禮與其奢也寧儉 喪與其易也寧戚(임방문예지본 자왈 대재문 예여기사야영검 상여기이야영척)

5-8 子夏問曰 巧笑倩兮 美目盼兮 素以爲絢兮 何謂也(자하문왈 교소천혜 미목반혜 소이위현혜 하위야) / 子曰 繪事後素(자왈 회사후소) / 曰 禮後乎(왈 예후호) / 子曰 起予者 商也 始可與言詩已矣(자왈 기여자 상야 시가여언시이의)

5-9 浸潤之譖 膚受之愬 不行焉 可謂明也已矣 浸潤之譖 膚受之愬 不行焉 可謂遠也已矣(침윤지참 부수지소 불행언 가위명야이의 침윤지참 부수지소 불행언 가위원야이의)

5-10 不知命 無以爲君子也 不知禮 無以立也 不知言 無以知人也(부지명 무이위군자야 부지례 무이입야 부지언 무이지인야)

5-11 子曰 人無遠慮必有近憂(자왈 인무원려필유근우)

5-12 君子喩於義 小人喩於利(군자유어의 소인유어리)

5-13 子夏曰 雖小道必有可觀者焉 致遠恐泥 是以君子不爲也(자하왈 수소도필유가관자언 치원공니 시이군자불위야)

5-14 敏於事而愼於言(민어사이신어언)

5-15 欲訥於言而敏於行(욕눌어언이민어행)

5-16 子曰 雍也可使南面(자왈 옹야가사남면) / 仲弓問子桑伯子(중궁문자상백자) / 子曰 可也簡(자왈 가야간) / 仲弓曰 居敬而行簡以臨其民 不亦可乎 居簡而行簡無乃大簡乎(중궁왈 거경이행간이임기민 불역가호 거간이행간무내대간호) / 子曰 雍之言然(자왈 옹지언연)

5-17 子曰 主忠信 徙義 崇德也(자왈 주충신 사의 숭덕야)

5-18 子曰 善哉問 先事後得非崇德如(자왈 선재문 선사후득비숭덕여)

5-19 君子周而不比 小人比而不周(군자주이불비 소인비이부주)

5-20 中庸之爲德也 其至矣乎 民鮮久矣(중용지위덕야 기지의호 민선구의)

5-21 子曰 學如不及猶恐失之(자왈 학여불급유공실지)

5-22 子曰 知及之 仁不能守之 雖得之 必失之 知及之 仁能守之 不莊以涖之 則民不敬 知及之 仁能守之 莊以涖之 動之不以禮 未善也(자왈 지급지 인불능수지 수득지 필실지 지급지 인능수지 불장이이지즉민불경 지급지 인능수지 장이이지 동지불이례 미선야)

5-23 子曰 如有周公之才之美使驕且吝 其餘不足觀也已(자왈 여유주공지재지미사교차인 기여부족관야이)

【6강】

6-1 好仁不好學其蔽也愚 好知不好學其蔽也蕩 好信不好學其蔽也賊(호인불호학기폐야우 호지불호학기폐야탕 호신불호학기폐야적) / 好直不好學其蔽也絞 好勇不好學其蔽也亂 好剛不好學其蔽也狂(호직불호학기폐야교 호용불호학기

285

폐야난 호강불호학기폐야광)

【7강】

7-1 柳下惠爲士師 三黜 人曰 子未可以去乎 曰 直道而事人 焉往而不三黜 枉
道而事人 何必去父母之邦 유하혜위사사 삼출 인왈 자미가이거호 왈 직도이사
인 언왕이불삼출 왕도이사인 하필거부모지방

글을 맺으며

01 可以託六尺之孤 可以寄百里之命 臨大節而不可奪也 君子人與 君子人也(가
이탁육척지고 가이기백리지명 임대절이불가탈야 군자인여 군자인야)

군자론

리더는 일하는 사람이다

2020년 2월 7일 초판 1쇄 | 2020년 2월 8일 2쇄 발행

지은이 · 이한우
펴낸이 · 김상현, 최세현 | 경영고문 · 박시형

책임편집 · 김형필, 조아라, 양수인 | 디자인 · 김애숙 | 교정 · 손은영
마케팅 · 양봉호, 양근모, 권금숙, 임지윤, 최의범, 조히라, 유미정
경영지원 · 김현우, 문경국 | 해외기획 · 우정민, 배혜림 | 디지털콘텐츠 · 김명래

펴낸곳 · 쌤앤파커스 | 출판신고 · 2006년 9월 25일 제406 - 2006 - 000210호
주소 · 서울시 마포구 월드컵북로 396 누리꿈스퀘어 비즈니스타워 18층
전화 · 02 - 6712 - 9800 | 팩스 · 02 - 6712 - 9810 | 이메일 · info@smpk.kr

ⓒ 이한우(저작권자와 맺은 특약에 따라 검인을 생략합니다)
ISBN 979 - 11 - 6534 - 057 - 5 (03190)

쌤앤파커스(Sam&Parkers)는 독자 여러분의 책에 관한 아이디어와 원고 투고를 설레는 마음으로
기다리고 있습니다. 책으로 엮기를 원하는 아이디어가 있으신 분은 이메일 book@smpk.kr로
간단한 개요와 취지, 연락처 등을 보내주세요. 머뭇거리지 말고 문을 두드리세요. 길이 열립니다.